欲成就经典，必先自成一格。

Honoré de Balzac à 20 ans

20岁的巴尔扎克

意 志 的 奴 仆

[法] 安娜-玛丽·巴龙 著　　刘宇婷 译

清華大學出版社
北 京

北京市版权局著作权合同登记号　图字01-2017-5748 号
Honoré de Balzac à 20 ans: L'esclave de sa volonté by Anne-Marie Baron

Simplified Chinese edition arranged through Dakai Agency Limited

EISBN: 978-2846264112

图书在版编目（CIP）数据

20岁的巴尔扎克：意志的奴仆 /（法）安娜-玛丽·巴龙著；刘宇婷译. — 北京：清华大学出版社，2020.1
（他们的20岁）
ISBN 978-7-302-53228-6

Ⅰ. ①2… Ⅱ. ①安… ②刘… Ⅲ. ①巴尔扎克（Balzac, Honore De 1799-1850）—生平事迹 Ⅳ. ①K835.655.6

中国版本图书馆CIP数据核字(2019)第128788号

责任编辑：纪海虹
封面设计：嘉荷x1　夏玮玮
责任校对：王荣静
责任印制：丛怀宇

出版发行：清华大学出版社
网　　址：http://www.tup.com.cn，http://www.wqbook.com
地　　址：北京清华大学学研大厦A座　**邮　　编**：100084
社 总 机：010-62770175　**邮　　购**：010-62786544
投稿与读者服务：010-62776969，c-service@tup.tsinghua.edu.cn
质量反馈：010-62772015，zhiliang@tup.tsinghua.edu.cn
印 装 者：北京嘉实印刷有限公司
经　　销：全国新华书店
开　　本：125mm×180mm　**印　　张**：6.375　**字　　数**：79千字
版　　次：2020年1月第1版　**印　　次**：2020年1月第1次印刷
定　　价：39.00元

产品编号：073089-01

每个人都会有缺陷，

就像被上帝咬过的苹果。

而有的人缺陷比较大，

正是因为上帝特别喜欢他的芬芳。

——奥诺雷 · 巴尔扎克

序幕

Honoré de Balzac à 20 ans: 目录 Table
L'Esclave de sa volonté

序　幕

“我看到一个男子走了进来，他虽然年纪轻轻，但已经有些发福了。眼睛炯炯有神，圆圆的脸上总是笑模笑样的。他双手插在兜里，一副漫不经心的样子，神情好似僧侣或是农夫一样。”在漫画家亨利·莫尼耶的笔下，年轻的奥诺雷·巴尔扎克走进密涅瓦咖啡馆的形象和他的老同学儒勒·德·珀蒂尼——巴尔扎克20岁时在巴黎经常与他往来——对他的描述一样：“他身材短小又胖乎乎的，脸庞瘦削，小眼睛闪着智慧的光芒，一张大嘴，牙齿参差不齐，浓密的黑发总是疏于打理，不修边幅。”但是他们两个都没提到他贪吃的样子是多么有感染力，他说起话来是多么坦率又讨喜，周身散发出一种魅力，倒是德韦里亚在1825年为他用乌贼墨汁画的一幅肖像中抓住了这种神韵。更为特别的是，他的双眸中凝结了“君王、预言家、驯兽师”的眼神，令泰奥菲尔·戈蒂埃与之惺惺相惜。而巴尔扎克把这种眼神，赋予了他早期作品当中的人物，路易·朗贝尔——一个哲学家、预言家、天才和疯子。

“伟人多磨难”

1819 年，巴尔扎克 20 岁，他的姓氏中还没有那个显示贵族身份的词缀。两年后，趁着他的小妹洛朗斯和一个身份可疑的贵族成婚之机，他的父亲在喜帖上的家族姓氏前加上了一个“德”（de）字，表明自己跻身贵族之列。在巴尔扎克日后看来，这个小小的词缀在当时那个不平等的社会中与他艺术家的身份才相称。他也和父亲一样，想要摆脱无名之辈的命运，去除平民身份，头顶贵族的光环，出人头地，令后世景仰。但他所出身的家庭，那个给他的爱少得可怜的家，却是他唯恐避之不及的。与其困在家庭生活不幸的阴影之中，这位年轻的作家更想在历史的长河中留下一个活跃在社会生活中的形象。他总是把祖上能让自己脸上有光的人物挂在嘴边，把巴尔扎克家族那些不太光彩的历史从自己和人们的记忆中抹去。他并不怀疑自己具有能功成名就、被历史所铭记的才能，只是他明白：19世纪的法国尚未被大革命彻底改造，家庭出身仍旧比天赋和成绩更为重要，出身决定一切。

1799年5月20日，巴尔扎克出生在一个因“政治婚姻”而结合的家庭。父亲为人自私，母亲在大她32岁的丈夫身边并不幸福。亲情匮乏的童年给他留下了深深的烙印。他自负地认为自己会成为伟大的作家，正如他1830年为《侧影》周刊撰写的三篇文章中所言，“一个伟大的人必定要经历磨难”。在这一点上，他很有发言权。他的童年就像“一场好不了的病”（摘自《幽谷百合》）。从一降生，他就被送到了卢瓦尔河畔的圣希尔，由乳母抚养。1800年9月29日，他的妹妹洛尔出生，之后也被送到这里。早在巴尔扎克出生一年前的同一天，巴尔扎克家的第一个孩子路易－达尼埃尔早早夭折。难道是悲痛的母亲不想再抚养之后出生的骨肉？还是因为她实在不爱自己的丈夫以至于无法爱他的孩子？如此折磨人的问题，巴尔扎克一直在不停地自问，以至于后来他自称是“不得不被生下来的孩子”。早在1819年以前，他就清楚地看到，他的两个妹妹——1800年9月出生的洛尔和1802年出生的洛朗斯——和他一样没有得到疼爱，反而是1807年他上教会学校时期出生的小弟亨利－弗朗索瓦得到了母亲的专宠。当然，父母之间没有爱情可以用年龄差距来解释，但也与他们不同的社会地位不无关系。父亲贝尔纳－弗朗索瓦·巴尔萨（后改姓巴尔扎克）是农夫的儿子，1746年出生在一个叫作拉努盖里耶的小村庄，村庄位于朗多克和鲁埃尔格之间的蒙蒂拉镇。他的妻子安娜－夏洛特－洛尔·萨朗比耶，于1778年生于巴黎一个资产阶级家庭。他们在第一个孩子夭折后，又生下了巴尔扎克。母亲对他的出生漠不关心，甚至不愿费心给他取名字，于是负责申报出生证明的父亲就打算从自己姐姐给的一本传记书中随便选一个 5 月 16 日殉道的圣人名字。但是当时出生证明上的日期要按共和历写作共和 7 年牧月 2 日（1799 年 5 月 21 日），并注明“前夜出生”（5 月 20 日）。但是，身为共济会成员、反教权主义者的贝尔纳－弗朗索瓦·巴尔扎克手上又没有共和历和格里历的对照本来查看究竟是哪位圣人在 5 月 20 日殉道的，所以奥诺雷·巴尔扎克的名字最后很可能是取自友人奥诺雷·马尔尚。马尔尚后来于 1813 年 2 月买下了巴尔扎克家在图尔的房子，而他的儿子阿尔伯特便成了奥诺雷·巴尔扎克在旺多姆教会学校的同窗。

父之名

巴尔扎克的父亲是家里11个孩子当中的长兄，自从1766年离开家乡之后，他再也没有回去过。这个来自南方的乡下人不仅当上了一官半职，还成了一个贵族。他性格坚韧，对权力有着无比的信心。凭借着职务之便，由旧制度下的官员摇身一变成了热忱的共和党人。他反对教权，政治上见风使舵，还借了共济会的东风，从中得到不少好处。1789年法国大革命前，他尚未加入共济会。到了1802年11月，由军人、资产阶级和开明贵族组成的共济会“完美同盟”（La Parfaite Union）会所的势力范围逐渐发展到了图尔，他才在亲家叔父——巴黎的床单商人米歇尔·安托万·萨朗比耶的引荐下入会。1810年至1811年间，贝尔纳-弗朗索瓦甚至以“长老”的身份领导过支部。1813年，他协助一位名叫古德罗的“特别杰出骑士”正式成立了由会所高阶成员组成的最高议会，其组织模式让人不由得联想起罗马教廷。古德罗这个名字后来也曾出现在他儿子的人生和作品中：巴尔扎克曾在1830年夏天把他和情妇贝尔尼夫人住过的石榴园租给过古德罗本人，他的一部短篇小说就曾以这座庄园命名，而巴尔扎克在当记者时借“古德罗”的名字作笔名在《讽刺》报上发表了许多文章。

巴尔扎克的父亲先是当上了大革命时期第22师的军需官，后来成为图尔市市长助理及图尔市总救济院的主管。他曾在向民众发放的宣传手册中就有关地方治理的诸多问题发表见解，例如，《预防凶杀与盗窃及此类罪犯的社会改造之研究》《失足少女的不端行为研究》《狂犬病的历史及预防措施，如何从威胁生存的不幸中解脱》《关于法国人为纪念亨利四世和表达对其王朝的热爱而兴建的骑马雕像及此类古建筑物的研究手册》。他的野心勃勃和投机主义让他在事业上平步青云，而这种在不同形势和不同政体下都能巧妙钻营的能力，或许也让年轻的巴尔扎克羡慕不已。

一直到14岁之前都没怎么见过父亲的巴尔扎克，后来一下子就被父亲那种南方人的性格吸引了。他明白了父亲为什么要在姓氏里加上代表贵族身份的词缀，并且也同样照做了，因为他知道在当时那个社会里，特权并未被完全废除，有时反而卷土重来，一个有来历的姓氏对他而言是一笔财富，一张王牌。他写出了许多部自传体作品，努力为自己塑造一个更为光鲜的过去。他声称他的先祖是古老的维钦托利高卢人，曾抗击过北方蛮族入侵，自己则出身于巴尔扎克·德·昂特拉克这样的名门望族。家族中最有名望的是亨利四世的情妇昂里埃特·德·昂特拉克，她曾为亨利四世生下两个孩子。人们分不清他究竟是在故意说谎还是出于一种自我保护的虚构。历史上巴尔扎克·德·昂特拉克家族曾与波旁家族及德·吕邦普雷家族联姻，奥诺雷于是一股脑儿地把这些姓氏用在了《幻灭》的人物身上。当有人质疑他假冒和昂特拉克家族的亲属关系时，他只回敬一句："随他们怎么想！"巴尔扎克·德·昂特拉克家族还被他写进了最为著名的历史小说《关于凯瑟琳·德·美第奇》。他把自传、小说和史实混为一谈，为了彻底混淆自己的身世。

巴尔扎克出生时正值雾月政变前夕，当时从埃及凯旋而归的拿破仑像英雄一样被敬仰，待到他 20 岁时，波旁王朝竟已复辟。巴尔扎克和父亲一样经历了一个动荡的时代，政治上的波澜起伏也为他的思想提供了丰富的素材。

得不到爱的孩子

贝尔纳-弗朗索瓦的职业生涯变化多端，总是在不同政体之间调动，加之共济会和上流社会的社交活动，为人父母的巴尔扎克夫妇究竟有多少时间来照顾小巴尔扎克？1838年，巴尔扎克在一篇手稿中定下了这样的基调：“父亲和母亲几乎总是要在精神上杀掉他们的孩子。”在这篇题为《分析》，后来更名为《教育主体剖析》的文章中，“杀掉”有着特定的含义：在教育这项艰难的事业当中，无论是过度的宠爱还是冷漠，都是一种精神上的谋杀。巴尔扎克对此有着切身的体会。

尽管如此，1832年到1837年间，巴尔扎克创作了向拉伯雷致敬的短篇故事集《都兰趣话》，他将自己出生时住过的意大利军队街25号写进了其中的一篇《斥夫记》中，并模仿16世纪的古风将这条街进行了一番美化："此街巷终日崭新，有帝王之气……青石覆地，修葺齐整，洁净如洗，光亮如镜，时熙来攘往，时寂静无声，夜来，靛青屋顶如美女之云鬓；一言以蔽之，此乃吾诞生之街，乃街中之极品耳。"然而幼年奥诺雷给人们留下的难以磨灭的形象却是"一个穿着破衣烂衫的孩子,终日手里拿着一本书"，像《路易·朗贝尔》书中描写的一样让人心碎。一个"境况近乎悲惨"的孩子，虽有面包吃有书看，但少言寡语。这种情感上的不幸是物质无法弥补的。巴尔扎克可能很早就意识到了，他的小弟亨利之所以能够如此受到母亲的宠爱，是因为他是别人的私生子。给亨利取的第二个名字"弗朗索瓦"可谓费尽心机——既取自他的生父让-弗朗索瓦·亚历山大·德·马戈纳，也恰巧是贝尔纳－弗朗索瓦·巴尔扎克的中间名。虽然很久之后巴尔扎克才在一封书信中提及此事，但是他应该很早就察觉到了，他并不是母亲宠爱的对象，他的童年充满哀伤和嫉妒也是再自然不过的了。1813年，时年13岁的巴尔扎克在一次回家短居时亲眼得见5岁半的弟弟亨利如何被母亲照顾得无微不至。他以前回家短居时，是否也遇见过此情此景？可惜那些年的书信多有遗失，无从查证。但他的妒火却多次从小说作品当中喷发出来，尤其是在1832年出版的短篇集《三十岁的女人》中题为《上帝的旨意》的一章：小埃莱娜用阴险的眼神看着弟弟，“不怀好意”地观察他，她表现出的痛苦和她把弟弟推进比耶弗尔河时那“可怖的眼神”大概是年少的巴尔扎克脑海中幻想的真实写照。同样，还有描写弟弟从高处坠落，脑袋撞在悬崖上摔得粉碎时的那种残暴的自喜。

亨利的生父德·马戈纳本打算留给自己的儿子20万法郎，借此承认他那无法明示的父亲身份。但命运似乎没有眷顾这个孩子，亨利后来远渡重洋到马约特岛[①]，在那里默默无名地做了一个土地测量员。成年后的巴尔扎克在 1849 年 3 月给母亲的信中写下了这样一番话："你和上帝都心知肚明，自打我来到这个世上，你就没有给过我像样的爱。但你做得很对，因为如果你对我像对亨利那样，我可能就会变得和他一样。从这个角度讲，你对我来说可以算是一个好母亲。"巴尔扎克家最受宠的儿子于 1858 年死在了马约特岛，先于他的生父两个月，最终也未能继承父亲的财产。

一种强烈的被遗弃感充斥在巴尔扎克青年时代的所有小说里，他发自内心地嘶吼："一个母亲怎么会抛弃她的长子？怎么会把他弃置在一个远离自己的村庄，交到一个陌生的女人手里？"（摘自《阿尔登

① Mayotte，马约特岛：位于非洲莫桑比克海峡的科摩罗群岛，是法国的海外领地。——译者注

的副本堂神甫》）他也常在书信当中抒发着不被疼爱的苦闷。他乐于在情妇们的面前扮演一个孩子，甚至是儿子的角色。从贝尔尼夫人、阿布朗泰丝女公爵到卡斯特里侯爵夫人，还有在与之鸿雁传情多年后终于在他临终前 6 个月迎娶的昂斯卡夫人。在这些女人身上，他看到的都是母亲，有好的一面，也有坏的一面。她们和自己的母亲一样，都嫁给了不能带给她们幸福的男人。婚姻不幸的父母给予了他创作灵感，因而写就了《婚姻生理学》，深刻剖析通奸导致的社会和家庭的悲剧。他的《都兰趣话》中也充斥着丈夫被戴绿帽子的故事。分析社会和写作淫乱的故事是他用以克服绝望的手段。他在 1834 年 10 月 26 日写给昂斯卡夫人的一封长信中，透露了正在构思中的《人间喜剧》的框架，在这个宏大的建筑之上，是一个“孩子气又诙谐”的巴尔扎克。诙谐不常有，但他确实像个孩子。终其一生，他都在现实或想象当中寻找着家庭和母亲的替代品，来弥补他在原生家庭中缺失的爱。

他的母亲很明显就是《驴皮记》中“铁石心肠的女人”福多拉的原型。福多拉在拉丁语中是“可怕”的意思，她为人冷酷，不懂得爱，还带有一丝寡淡的玩世不恭，这是巴尔扎克从童年起就难以忘记的女性形象。从福多拉身上，我们可以对巴尔扎克求之不得，却从未真正涉足的上流社会一窥究竟。但是抛开这些，难道母爱对他来说就不是一个禁地？长久以来被拒之门外，给他留下了难以磨灭的被遗弃感。于是他在《驴皮记》和《路易 · 朗贝尔》当中，与福多拉相对地，塑造了波利娜——一个完美的女性形象，她温柔而又慷慨，体贴而又不计回报地付出她的爱，与不称职的母亲形成鲜明的对比。

1803—1807 年间，洛尔和巴尔扎克回到了父母家，被交由一个十分严厉的家庭教师看管。他们的外祖父萨朗比耶过世后，外祖母搬来和自己的女儿一起住。尽管他们被照顾得衣食无忧，但日子过得并不开心。1804 年，贝尔纳 - 弗朗索瓦被任命为图尔市总救济院主管、市长助理，他很快买下了安德尔－卢瓦尔街29号（即今天的国家街53号）的一座私人公馆。公馆里有一座铺满砾石的院落，一幢主楼，正面10米高，有3扇大窗，两翼各有一栋相同的小楼。一时间，这里觥筹交错，高朋满座，宴席不断。美丽的巴尔扎克夫人也颇受欢迎，值得一提的是，她曾在这里款待过普拉多－卡斯代拉纳伯爵——费迪南·埃雷迪亚——一位生活在图尔，流亡法国的西班牙贵族。拿破仑的军队入侵西班牙后，他被扣押作为人质。和亨利的生父——德·马戈纳一样，他也是巴尔扎克夫人的情人。父母过着花天酒地的日子，而孩子们在情感上遭到遗弃，这是多么残酷的对比。巴尔扎克不到5岁就被送到了离家不远的勒盖寄宿学校，跟着拉贝尔日神父学习基督教教理。两个女儿则被送到了伏盖寄宿学校，这个校名日后出现在了巴尔扎克的《高老头》当中。

教会学校

1807 年 6 月 22 日，8 岁零 1 个月的巴尔扎克成为旺多姆教会学校的寄宿生。这是一所历史悠久的奥拉托利会学校，相对于图尔教会学校来说更为偏远，但极负盛名，吸引了许多资产阶级和贵族子弟。在学校入学登记中，巴尔扎克被形容为“性格易怒，很容易发火，经常显得十分激动”。他把 1807—1814 年之间这段难过的经历记录在他的自传体小说《路易·朗贝尔》当中。

旺多姆教会学校，沉重压抑，又与世隔绝，采用的是“半宗教半军事”的严格教育。《路易 · 朗贝尔》

中有这样一番描述："围墙之内形成一处严密封闭的、规模巨大的院落。学校所必备的设施在这里应有尽有：有小教堂、剧院、医务室、面包房，还有花园和溪流。这所颇有名气的学校的费用由中部各省和殖民地共同负担。学校离城较远，父母难于经常光临，而校方又规定不允许学生外出度假。"巴尔扎克后来在给昂斯卡夫人的信中称，他 6 年间只见了母亲两次面，但是他的妹妹洛尔说在一年间就可以见母亲两次，分别在每年的复活节和学校授奖时。如此夸大其词正是因为孩提时的他感到自己被遗忘在了这个可怕的地方，"断绝了与外界的一切联系和与家人的亲近"，就像他笔下的路易 · 朗贝尔一样。学校里有着铁一般的纪律、惩戒和忏悔，他经常因受罚而被关进狭小逼仄的密室，在那里饱读了图书馆的书籍。偶尔透过黑暗也有几丝光明：1809 年，小学五年级的时候，他在一次拉丁语演讲中得到嘉奖。同年，他的同学让 · 约瑟夫 · 图朗然把他介绍给来学校探望的表妹，13 岁的聚尔玛。

她就是聚尔玛·卡罗，后来成了巴尔扎克的妹妹洛尔在凡尔赛的好友，也是他一生忠实的密友。初一时的巴尔扎克获得了拉丁语翻译和拼写一等奖，学校在评语中也对他颇为赞赏：举止良好，性格温和，情绪愉快。初三时他又获得了拉丁语翻译的第二名。毋庸置疑，拉丁语是他的强项，不久之后他就顺理成章地能够通读斯宾诺莎的作品了。有趣的是，巴尔扎克虽从未入选过法兰西学院，可他却把路易·朗贝尔写成了戴着十字勋章和红丝带的“法兰西学院院士”，最优秀的学生。尽管故事中的叙述者和他的朋友路易·朗贝尔展现的都是巴尔扎克不同的一面，但他们两个都表现出对功成名就的渴望。

1813 年 4 月，巴尔扎克被紧急送回图尔，他突然患上了一种昏迷症，和路易·朗贝尔一样。洛尔·叙维尔在一本回忆自己哥哥的书中写道：“他变得孱弱而消瘦，像个睁着眼睛梦游的人。我们问的问题他好像都听不到，只有突然问他‘你在想什么’‘你在哪儿’的时候，他才会回答。”究竟因何而病？是用脑过度？神经官能症？还是经年累月的抑郁？我们不得而知，但是从他的小说中又总能看到一些相似之处，比如虚脱的路易·朗贝尔，还有突发强直性昏厥，最终和死去的士兵一起被活埋在战壕里的夏倍上校。于是，巴尔扎克在图尔的父母家住了一段时间养病。那时他们刚刚把房子卖掉，但直到1814年才搬走。正是在这段青少年时期，他渴望获得荣耀的梦想变得愈发强烈。据妹妹洛尔回忆，也正是在这段时期，“他开始宣称有朝一日人们都会谈论他。当时大家付之一笑，后来还不断拿这件事取笑他。在出名这件事上，他忍受了不少大大小小的委屈和折磨”。

不久后，巴尔扎克就被送到“乡下”休养。至于他被送到哪里却说法不一，有可能是因为巴尔扎克家和萨瓦里家的交情，他去了萨瓦里夫人在乌弗莱的凯勒里庄园？不过他更可能是被送到了萨榭城堡，城堡的主人正是德·马戈纳。他娶了萨瓦里夫人又矮又有些残疾的女儿为妻，却与巴尔扎克的母亲坠入了爱河。初次到访萨榭之后，巴尔扎克渐渐成了这里的常客，在这里得到的热情款待似乎让他慢慢地感受到了一些家的气息，而最初对弟弟的妒忌也开始变成一种想要取而代之的欲望。总之，或许就是第一次来萨榭小住时，他用小刀在卧室的床头刻了字。那间卧室虽然极为朴素，但是风景极好。每次来时他都住在那个房间，在那里随心所欲地创作，抱怨自己的写作被晚餐的钟声打断。房间至今仍保持着原貌，令人动容。巴尔扎克最为著名的小说《高老头》《幻灭》《塞查·皮罗托盛衰记》《路易·朗贝尔》《塞拉费伊达》《炼丹记》和《戈尔涅里乌斯老板》均创作于此。他还在这里构思了《幽谷百合》《欧也妮·葛朗台》和《图尔的本堂神父》，并根据自己的习惯对作品进行改动。直至今日，我们还能看到一张小书桌上放着他曾经使用过的切纸机。

巴尔扎克在玛莱

直到 1814 年 11 月，巴尔扎克一家才在巴黎安顿下来，住在玛莱区的神殿街 40 号。他们在图尔的房子在 1813 年 2 月就卖掉了，但是他们并没有立刻搬走。巴尔扎克在 4 月离开旺多姆教会学校，回到了家人身边。夏初，他进入托尔尼街的勒费布尔学校（今天的毕加索博物馆所在地），校长是波泽兰和甘赛尔。后来，他在位于圣安东尼街的查理大帝中学上课。1814 年 1 月，他的拉丁语成绩下降，不得不重读初四。1 月 27 日，他的母亲写了一封严厉而又尖刻的信，带有明显的暴虐倾向，下达她的禁足令。巴尔扎克夫人的这封信完全是站在她自己的角度，一股脑地发泄作为母亲的失望，完全不顾孩子的感受。她列举出一长串自己的不满，简直是一篇自私的范文：

“最可敬仰的甘赛尔先生告诉我你的翻译课只得了第32名！……他还告诉我你之前做了一些不可原谅的蠢事，我对明天的期待和喜悦全部都付之东流了。你以为第32名还有脸庆祝查理大帝纪念日吗？那可是位审慎而又勤勉的伟人！要是像我这样，一直不能和自己的孩子相见，人生还有什么乐趣；有孩子们陪伴在侧的时候我是那样幸福，而我的儿子却不能回家看望自己的母亲，这是多么的不孝顺！我本应8点钟去接你，我们一起吃午餐和晚餐，聊些有意义的事情，可你的不用功、散漫和你犯下的错误让我只能把你留在学校。我的心都要空了！这一天对我而言将如此漫长。我不会把你如此糟糕的成绩告诉你的父亲，星期一你也别想着能出门，就算不是为了玩也不让你出去。明天下午4点半舞蹈老师会来，我会接你去上课，之后就把你送回学校，要是不好好惩罚你，我就无法对我的孩子们尽责。再见了，亲爱的巴尔扎克，好好想想明天我要受的苦，希望这是最后一回。亲吻你。”

还好除此之外还有些振奋人心的事！同样在那个一月，在杜勒里花园拥挤的人群中，巴尔扎克见证了拿破仑的大军开拔，远征沙俄。15 年后，他将这难忘的一幕记叙在《三十岁的女人》的开篇——《拿破仑的最后一次检阅》之中。就在 1814 年的 2 月或 3 月间，拿破仑帝国覆灭前夕，他的母亲担心不久之后联军入侵，借口去巴黎看他，实则是去与老情人埃雷迪亚幽会。从埃雷迪亚 1818 年写给巴尔扎克夫人的一封信中不难想象出这样的一幕场景：年少的巴尔扎克满心期待地见到阔别已久的母亲，却发现她并不是专程来看自己的，而是带着他和一个男人去了弗兰科尼奥林匹克马戏团。像巴尔扎克这样聪明又极富洞察力的孩子，长久以来一直忍受着母亲的冷漠，虽然在那一刻克制了自我，但是在回家的路上母子二人大吵了一架，巴尔扎克甚至想到了要自杀。

于是他在图尔度过了整个夏天。8 月，昂古莱姆公爵驾临图尔，他有幸见证了国王的侄子，并把这一场景写入了日后的《幽谷百合》中。9 月 5 日，他被授予了百合勋章。这是阿图瓦伯爵在 1814 年 4 月 11 日创立的一项荣誉，同年 5 月 9 日的一道谕令扩大了授奖的范围。为了笼络年轻人，此后这一奖项主要颁发给最为优秀的学生。《幽谷百合》很可能取名自这枚勋章。不难看出，事无巨细，都能装进巴尔扎克的大脑，正如他日后所言，他的脑袋里“装着全世界”。

他在查理大帝中学的学业终至 1815 年 9 月。来年一月，他转到了另一所寄宿学校：坐落在圣路易街 9 号（如今的图莱纳街 37 号）的勒彼特学校。这所学校由一个顽固的保皇党人开办，此人甚至还参与过营救被囚禁的玛丽 - 安托瓦内特皇后的秘密行动。临近 11 月时，巴尔扎克写下了一篇作文，题为《再论布鲁图斯[①]二子之殁》，表达了他对这一历史悲剧的看法和对 17 世纪经典作家的赞美。他对这些作家的天资赞叹不已，特别是莫里哀和拉封丹，希望有朝一日能与他们比肩。“莫里哀的笔下似有神助，他刻画一切，却又仿佛超越了一切。法兰西还出过一位拉封丹，他是所有寓言作家的楷模与绝望。”

或许是因为他曾经参与了波拿巴主义者的“百日政权”动乱，巴尔扎克作为对拿破仑帝国无比信服的拥护者又被送回了寄宿学校。波旁王朝复辟起初对于拿破仑帝国时期战火不断的法兰西而言，还是颇受欢迎的，但后来波旁王朝却一次又一次地令对其还算忠心的议会十分不满。他们因开除了半饷军官[②]，将几位最为骁勇善战的将军降职而惹恼了军队，满足流亡

---

① 布鲁图斯（Brutus，前 85—前 42），罗马贵族政治家、将军，是推翻君主统治，缔造罗马共和国的英雄。而他的两个儿子却密谋推翻共和国，令罗马重回君主统治之下。——译者注

② 半饷军官：波旁王朝复辟时期，被征服解职的第一帝国军官，只能领取一半的军饷。——译者注

贵族索求国家财产的举动也让资产阶级和农民们忧心忡忡。这些对复辟王朝的不满让人们把目光转向了厄尔巴岛。拿破仑被欧洲的君主们流放到了这里，有赖于军队的有力协助，拿破仑于 1815 年 3 月 1 日——也就是“百日政权”诞生的第一日——带着一支 1100 人左右的队伍，从戛纳附近的胡安港登陆，准备夺回他的王座。他成功地返回巴黎，重掌大权，一心想着恢复帝国统治，维护法国大革命业已取得的成果。然而，外国势力却拒绝与拿破仑政府修好。这几个国家于 1815 年 3 月 15 日在维也纳签署声明，宣布拿破仑的政权不合法，聚而反之；再加上沙俄的军队、布吕歇尔元帅的普鲁士大军，以及也在 1815 年春天加入了威灵顿公爵驻扎在比利时的英荷联军的数支德国盟军。为了抵抗劲敌，拿破仑勉强从快要被榨干的法国集结了一支 27 万 6 千人的军队。但 1815 年 6 月 18 日的滑铁卢溃败，令他被迫于 6 月 22 日退位。这一次，他被放逐到了更加遥远的圣赫勒拿岛。

拿破仑皇帝的形象在《人间喜剧》中随处可见，透过这部鸿篇巨著中的 91 部长短篇小说，巴尔扎克成了他那个时代的“书记官”。拿破仑在他的作品中备受禁卫军的爱戴，堪称政治伟人中的楷模。巴尔扎克想要靠手中的笔与之媲美，成为“文学界的拿破仑”，受到万众的景仰。

1815 年 9 月 29 日，巴尔扎克回到了他的第一个寄宿学校，波泽兰与甘赛尔学校。他在玛莱区的那段时日对他的生活和作品究竟有怎样的影响，我们不得而知。不过他的父母在那里结识了纳卡尔医生，他师从加尔，研究人类大脑理论，是巴尔扎克一生的医生、朋友和债主。他们一家人在玛莱区还认识了几位公证人：奥诺雷曾在巴塞先生和吉约内 – 梅维尔先生那里当过小办事员；居伊 · 布尔西耶，在 1817 年负责贝尔纳 – 弗朗索瓦的保护人杜梅尔克的公司业务清算，这家公司后来被后勤总专卖局所取代。正因如此，巴尔扎克的父亲当上了第 1 师的军需长官。那时他一定在莱斯蒂基耶尔街遇见过《奥伯曼》的作者塞南古。巴尔扎克住在隔壁的瑟西塞街上，经常去圣安东尼街去买东西，是疗养药店的常客，时不时帮他印些传单。巴尔扎克一家是否与玛莱区为数众多的犹太人有过往来呢？我们只知道有一位雅各布 · 布朗东，来自于一个葡萄牙籍的犹太家庭，他和巴尔扎克家在同一时期都住在玛莱。难道《石榴园》中的女主人公就是借用他的姓氏？巴尔扎克又是否听说过从 1812 年起在此生活的犹太教士大卫 - 保罗 · 德拉什？他先是在资料馆街开了一所学校，后来搬到了猴子街，并在那里结婚，有了三个孩子。但是 1823 年 3 月，这位教士突然改了宗，在街区引起了不小的轰动。直到 1830 年，他离开玛莱到罗马去学习天主教理论，并任图书馆管理员。即便巴尔扎克不认得这位写过关于犹太教神秘哲学著作和另一本《天主教与犹太教之和谐》的人物，也能想象他一定接触过不少在玛莱的犹太人，至少有一部分是他在公证事务所工作中遇到的客户。

因为对于一个涉世未深的年轻人来说，犹太人早就频繁出现在他的作品之中了。他早期的一部小说《克洛蒂德 · 德 · 卢希南》或称《漂亮的犹太人》中表现出了对犹太人的熟识。尽管后来他为了跻身昂斯卡夫人的阶层而迎合她的成见，在给她的一封信中表示出对犹太人的鄙视。但他却把他的边缘感、好奇心、双重视角和意志力都赋予了《人间喜剧》中的犹太人角色，或许是因为他看到了他们和自己一样的卑微的出身。他曾在给昂斯卡夫人的信中拿自己和“在思想中游走，永远站立着、永不停步的犹太人”相提并论。或许是因为他自己也是一样，年少时就因天赋而被孤立。

法学院

1816 年，巴尔扎克上了修辞班[①]，拉丁语成绩一落千丈，而未来的历史学家，他的同窗儒勒 · 米什莱笑到了最后！他在 1816 年夏末完成了修辞班的学业却没有通过两部分的会考，因此，他没有继续攻读哲学班，而是在诉讼代理人让 · 巴蒂斯特 · 吉约内-梅维尔位于巴黎中央菜市场区贝壳街 42 号的事务所当上了小事务员，但负责的只是跑跑腿、买买东西之类的杂事，尚没有什么惊天动地的大事让他去做。

① 修辞班：旧时法国中学的最高班。——译者注

于是，他便初次在法学院登记注册。

1817 年 4 月，贝尔纳－弗朗索瓦曾在给阿尔比当“大夫”的侄子让－弗朗索瓦·巴尔萨的信中不无骄傲地写道：“我的儿子在巴黎最负盛名的代理人事务所做三级书记官，马上就满一年了，他同时还在上法律课，准备日后成为律师。”

法国大革命时期的国民公会于 1793 年 9 月 15 日通过一纸法令取消了所有的法学院，法律学科因此深受牵连。仅在倡导《民法典》的拿破仑治下，共和 10 年花月 11 日（1802 年 5 月 1 日）法令和此后的共和 12 年风月 22 日（1804 年 3 月 13 日）法令才作为“在专科学校中的最低等级教育”设立了法律学校。风月法令中规定了大学生在经过两年的学习之后可获得法律业士学位，三年后可获学士学位，四年后可获博士学位，主要侧重于培养司法人才。最终，在 1804 年和 1807 年相继出台的另外两部法律条文中细致入微地定义了法律学习的规程，第一年学习《民法典》卷三之前的部分和罗马法，第二年学习诉讼程序和刑法，第三年学习《民法典》剩下的内容以及民法和刑法的诉讼程序。学生要通过 4 个学期的课程才能被允许参加刑法和诉讼程序的考试，8 个学期才能参加两部分的会考，12 个学期可以拿到学士学位，16 个学期拿到博士学位。而且法律学业可不是闹着玩儿的：教授会颁发给学生证书，以此证明其已按规定完成学期课程，并说明其品行优秀、学习勤奋。

7 月，巴尔扎克在法学院注册了第三个学期的课程，之后到伊斯勒 - 亚当的维立业 - 拉费伊先生家度假。他在那里认识了不少朋友，还骑了骑那匹叫普鲁托的马。1817 年 11 月和 1818 年 1 月，他又分别注册了第四和第五个学期的课程。这时，他应该已经可以做建立档案、开展调查、收集行政文书和撰写公证证书这样的工作了。4 月，巴尔扎克进入维克多 · 爱德华 · 巴塞的事务所工作，这位公证人同巴尔扎克一家一样住在神殿街 40 号的那所房子里。4 月 3 日，他在巴黎大学法学院注册了第六个学期的课程；7 月 3 日注册了第七个学期。可就在不久之后，突发的变故令他的父亲无法颐养天年。

见不得光的家事

就在1818年即将结束之际，一桩晦气的丑事降临在巴尔扎克一家的头上。贝尔纳-弗朗索瓦最年轻的弟弟，留在鲁埃尔格老家的路易·巴尔萨，因为涉嫌谋杀在塔恩省被捕。被害的是一个名叫瑟希尔·苏利埃的年轻农家姑娘。尽管得知弟弟要在1819年6月受审，身为兄长的贝尔纳-弗朗索瓦却丝毫没有设法营救。他的侄子让-弗朗索瓦求他帮忙，他回信称："因为种种原因，谨慎起见，我没法再写信了；这样的大案吸引了所有人的注意，为了查明真相，他们会拦截所有的信件，从中找寻一些蛛丝马迹。而我写的信和其他人的一样，即使和这件可怕的事情毫不相干，也会被截下来、拆开，然后和数不清的其他信件被储藏起来。等到案子审完了，他们也不会想到把信归还给收件人，就留在那里招苍蝇。”值得一提的是，他自己也曾经因为弄大了一个年轻姑娘的肚子而在拉加德－维约尔（蒙蒂拉镇）蹲了监狱。并在 1766 年，年满 20 岁的时候离开出生地拉努盖里耶。如今他快 80 岁了，历史却又一次重演。贝尔纳－弗朗索瓦为了避免被敲诈勒索，不得不离开他退休养老的维勒帕里西。他很可能是不清不楚地和一个农家姑娘搞在了一起，结果这个女人拿肚子里的孩子来威胁他的名誉。眼看不走不行了，他才跑到凡尔赛去避风头。1793 年到 1794 年大革命时期，他在巴黎结识了布列塔尼的雷蒂夫，他的这段遭遇被记载到了雷蒂夫的书中。

时至来年 6 月，巴尔扎克的叔叔被判有罪。日后让－路易 · 德加在写贝尔纳－弗朗索瓦的传记时重新调查了此案，最终证明了路易 · 巴尔萨的清白。可他却早已被阿尔比的重罪法庭判处了死刑，并在 8 月 16 日被送上了断头台。家族上下都为之震惊！巴尔扎克对此绝口不提，但他肯定知道发生了什么。几乎与此同时，他的父母却极力地想掩饰他的行踪。他虽然人在巴黎，他们却宣称他为了完成法律学业去了阿尔比的堂兄家，而这位堂兄就是公证人让－弗朗索瓦·巴尔萨，也就是请贝尔纳－弗朗索瓦去为自己弟弟求情未果的那一个。这件事对于了解一个资产阶级家庭的思维如何运转大有裨益，他们可以随心所欲地撒谎，好把家族中某位亲戚牵扯进某桩罪案这样的事情从世人眼中抹去，甚至绝不伸出援手救助。与此同时，他们可以用相同的令人惊叹的态度假装他们的大儿子在遥远的外省工作——这样旁人也无法证实——像隐瞒一桩罪行一样地隐瞒他在尝试文学创作的事实。

20 年后的 1839 年，身为公证人的培泰尔因一时邪念杀害了怀有身孕的妻子和他的仆人，被判预谋杀人罪。巴尔扎克为其辩护失败。他这样做或许是为了不像他父亲当年在路易 · 巴尔萨事件当中那样，想方设法地避免被牵连。未来的《人间喜剧》中也不乏人头落地的场面，社会上的边缘人物被推上备受关注的舞台。从巴尔扎克青年时代的小说开始，特别是《阿奈特与罪犯》，到 1830 年创作的几部小说，如《长寿药水》，“砍头”这一主题几乎随处可见并成了故事的中心，再到 1841 年的《乡村医生》，有夫之妇的情人塔什隆被无辜处死，砍头的桥段已经演变成了他的某种执念。

阁楼时光

到了 1819 年，巴尔扎克独自一人住在巴黎。实际上，经过家庭内部长时间的争论，贝尔纳 – 弗朗索瓦宽宏大量地决定给儿子两年的时间证明自己。他可以在学习法律之余自由写作了。他的父母在巴黎给他租了一间阁楼，位于莱斯蒂基耶尔街 9 号的一幢三层小楼的顶层。8 月 4 日，母亲把他安顿在这里，留给他的生活费近乎刻薄，肯定和他提出的每年 1 500 法郎相去甚远，而他每年要交 60 法郎的房租，合每月 5 法郎。“我那时住在一条你们可能没听说过的小巷里，名叫莱斯蒂基耶尔街：它起于圣安东尼街，在巴士底广场附近的一处喷泉对面，通向瑟西塞街。对文学的热爱使我投身于这样一间小阁楼当中，夜晚我埋头写作，白天我会到隔壁那家‘先生’图书馆（名为MONSIEUR，如今是兵工厂图书馆了）里待上一天。我过得如此俭朴，只要是创作需要，我就接受这样苦行僧般的日子。一到天气好的时候，我勉强会到布尔东林荫大道上散步。”他在《法西诺·凯恩》（他创作的一部超短篇小说，发表于1837年）中如此描述这片街区，而在《驴皮记》中，他更是将那间窄小逼仄的房间比作“威尼斯监狱”：“没有什么比这间阁楼更加令人反胃的了，脏得发黄的四壁散发着穷酸气，呼唤着住在这里的人。房间里能放下一张床、一张桌子和几把椅子。我在这间空中坟墓里住了将近三年，在那张颤颤巍巍的、铺着棕色羊皮毡的书桌上写作。我的床铺、座椅、脏乱的糊墙纸，还有柜子，这里所有的东西仿佛都有了生气，成了我共患难的挚友，无声的同谋，和我一起面对未来。多少次我望向它们的时候，内心何尝不是在同它们交流？”

他将墙刷成了白色，自己动手做了一面屏风，买了门垫。从他妹妹那里找来了一顶“红色美利奴羊毛夹棉便帽”，一张压脚被，还有一件“发旧的披肩”①来抵御寒冷。他的罩衣（一种外套）太短，没法将他裹严实，而双面绒呢的坎肩又太瘦。于是他那件著名的起居袍在此时出现了，他穿着这件真正的僧袍在咖啡壶和墨水瓶间写作了一生，并因罗丹把他这副尊容塑造出来而流传后世。那时的巴尔扎克最想要的就是一把扶手椅，这样他在夜里“像个本笃会修士一样孤独地”写作时，他的后背和“可怜的臀部”就不至于受凉了。尽管如此，他还坚持要把自己的房间装饰一番，要让“麻雀的鸟笼闪闪发光”……然而洛尔代表母亲严厉地训了他一顿，皆因之前母亲给他买好了一面 5 法郎的镜子，而他又花

① 发旧的披肩（原文如此）：法文应为“vieillissant châle”，原文写做了“vieillissime schall”。——译者注

8 法郎买下了一面镶金边的，结果他被责令把之前那面镜子还给母亲。巴尔扎克自称为“破烂狂”，一生痴迷于收集各式各样的物件。从眼前这间阁楼到日后他为昂斯卡夫人购置的、位于好运街上那幢摆满古董、极尽奢华的别墅，这位女人也像他的母亲那样冷淡，时常对他发难。这种对装饰品的迷恋或许能令他暂时忘记母爱的空缺。他渴望一种精心装饰又讨喜的居家环境，尤其表现在他作为一个小说家精细的洞察力和对生活场所及装潢描写的细致入微上。而在他的作品中，这些细节又成为对于房子的主人而言极具象征意义且不可分割的一部分，就像牡蛎和它的外壳。巴尔扎克网罗所有描述中的细节，并赋予它们各自一个隐秘的含义，带入人物性格和事件情节的理解当中，如同他四处搜罗的各种古怪物件，无论是出于实用还是审美需要，都令他无法抗拒。对舒适的渴望、收集癖再加上对美食的贪恋，就像邦斯舅舅一样，巴尔扎克一生都和金钱保持着一种微妙的关系，甚至让他摆脱了意识的束缚。对他而言，金钱不仅是一种获取的手段，更成为他渴望拥有的东西之一。他笔下那些吝啬鬼的偏执也并非巧合，在他们眼中，金钱就是唯一能带来幸福的东西。葛朗台、葛布塞就是这种巴氏偏执的化身，他们只存在于一锱一铢的金钱之中，这种偏执也是构成他们自身的一部分。然而金钱这一《人间喜剧》的中心主题，已经不只是令人觊觎的物质财富那样简单，它还代表着权力与人脉，在这幅令马克思深受启发的唯利是图的资本主义社会画卷里，成为衡量一切的准绳，包括艺术家的天赋。

20 岁时的巴尔扎克并不像《幻灭》中昂古莱姆的吕西安 · 夏尔东 · 德 · 吕邦普雷那般英俊潇洒。他更像是《驴皮记》中的拉斐伊伊尔 · 德 · 瓦朗坦，生活清苦，为了写出一部大作，孤独地在阁楼里不懈地耕耘。他不得不对手上的生活费精打细算，仔细地记录着每一笔日常开销："面包 0.2 苏，肉酱 1.5 苏，各色水果 0.7 苏，共计 2.4 苏"；或者几天记录一次："面包 0.5 苏，葡萄酒 1.5 苏，肉类 1.8 苏，咖啡 1.5 苏，共计 5.3 苏”。大部分时间里，他靠核桃、梨子和面包果腹。平日里他穿法兰绒衬衫，烧炭取暖，只有在去图书馆或是去上维克多 · 库赞的哲学课时才会穿戴整齐。他从 1817 年开始兴致勃勃地到索邦大学去听库赞讲课，同时还去上居维埃和若弗鲁瓦 · 圣伊莱尔在自然历史博物馆的课程，以及吉佐的历史课和维尔曼的文学课。除了法律，他对其他的都感兴趣！

他的房间里甚至连自来水都没有，还要他自己打扫卫生，不停地和蛛网积尘作斗争，再打翻一杯咖啡，简直就是一出悲剧！他满足于过清苦的日子，这样他就能像路易 · 朗贝尔那样，带着骄傲投身于这种遗世独立、清心寡欲的生活。他几乎完全被孤立，无法现身在人们面前，因为父母已经对外宣称他人在阿尔比。只有他父母的仆人“科曼嬷嬷”负责来给他送信，巴尔扎克和他的妹妹们亲切地称她为“伊丽丝”，就是为奥林匹亚诸神送信的那位彩虹女神。住在圣德尼市镇街的萨尼塔先生是巴尔扎克家的友人，负责给他做传话人。还有做五金买卖的光棍泰奥多尔·达布兰，也是家族的一位挚友，他和母亲住在一起，每周日都从圣马丁街赶来，坐在椅子上和这位年轻的隐士滔滔不绝地聊个不停。达布兰是《塞查·皮罗托盛衰记》中的塞查还有邦斯舅舅的原型，也是个有收藏癖的人。他有时会帮巴尔扎克找一个包厢座位，去看伟大的表演艺术家塔尔马演出的话剧《秦纳》，或是给他弄来1819年10月23日在奥德翁剧院首演的卡西米尔·德拉维涅的悲剧《西西里晚祷》的剧本，还安排过他与演员拉冯会面——巴尔扎克想把自己的第一部剧作《克伦威尔》给他过目。同时，热爱绘画的巴尔扎克想要找门路去卢浮宫看吉罗代的《熟睡的恩底弥翁》，这幅画他在前一年的沙龙上已经亲眼见过了，因为在1819年的沙龙上，吉罗代并没有将其展出。他还有幸得见了1819年11月5日才迟迟展出的《皮格马利翁与加拉蒂亚》，展览设在乔瓦尼·巴蒂斯塔·索马里瓦伯爵（1760—1826）位于皇城根街的巴黎画廊，他的姨母索菲·萨朗比耶刚好可以帮他进去。

尽管过着离群索居的日子，巴尔扎克却十分关心政治选举的结果。他如同“布鲁特斯的缩影”，是个醉心于政治的自由主义者。波旁王朝复辟进行得如火如荼，1819 年 9 月 12 日的投票选举显示了自由保皇派的完胜，他们开始寻求一种更加自由和开放的演变，一心想要发展资产阶级，不惜损害贵族的利益，而极端分子则企图将一切扭转回专制制度。议会中的议员们经过一番“换血”，形势对于“独立党”（晚些出现的自由小资产阶级党派）更为有利，路易十八治下实行温和主义的内阁大臣德卡兹公爵难以再联合极端保皇党。伊泽尔省的极端派选民于是联合起“独立党”，反对政府的支持者，他们选举出了一位众所周知的前国民公会议员，一位曾经发过誓的前任主教：格雷古瓦神甫。巴尔扎克和父亲还曾是他的信徒，极端派的报刊大呼这是前所未有的丑闻，随即通过大多数投票解散这位刚被选举出来的议员执掌的议会，并且污蔑中伤，指责他曾投票处死了路易十六，尽管投票当天他并不在场。议会被解散，也标志着复辟的自由主义时期业已终结。这倒是为年轻的巴尔扎克和每周日来看他的达布林提供了聊不完的话题。

但是周日的时光不能只花费在和达布林的谈天说地之中，他还会到巴黎的街上散步。对他而言，“闲逛也是一种乐趣，是为了整理思绪，观看那些苦难、爱、喜悦，抑或温婉细腻、光怪陆离的形象交织出壮丽的画卷，将目光沉浸到那万千的存在之中去”。他的洞察力已经变成了一种直觉，让他可以自如地跟随并观察街上的一群群工人，听他们聊天说话，想象自己也过着同他们一样的生活。他可以把自己想象成遇到的每一个路人。有时候，为了呼吸些新鲜空气，他还会去植物园，或是自然历史博物馆，来满足自己对自然科学的渴望。再不然，他会一直走到拉雪兹神父公墓，饶有兴致地解读墓碑上的墓志铭，并称之为“痛苦的学问”，也是人生中最真实的一课。正如他日后写道：“世界在这里翻了个个儿，所有的妻子都是忠诚的，所有的母亲都是可爱的，所有的孩子，都是父亲亲生的。”

这些散步的时光酝酿出了《高老头》当中拉斯蒂涅站在拉雪兹神父公墓高处向整个巴黎发出挑战的经典片段。巴尔扎克喜欢过这种有些费力气的生活，把它当作“余生中欢乐与回忆的源泉”，即便生活艰辛，他也能从中找到可以随心所欲的那种自由。“对于那些发自内心想要成大事的人来说,物质层面的需要是很微小的。生活的困苦无法令我退却。如果上街乞讨不会被关进监狱、身败名裂，我会用这个方式来解决我遇见的困难。我应该全心接受一个拥有天地万物的思想家在表面上的贫穷。若要在苦难中成就伟大，就绝不能自甘堕落。”他在给妹妹的信中如此写道。他不遗余力地在自己的作品中化身为一介草民、深居简出或是受尽苦难的人，并赋予他们一段大好的前程。“洛尔吾妹！我的生活充满了痛苦和磨难；我就是那殉道之人，我已向教皇发愿要成为圣贤。”但有个很大的问题在于:“若我有此才此德,我已能预见自己将遭遇迷茫、遭受苦难迫害、无依无靠,为真理女神殉难,但荣耀女神终将补偿于我。”他的终极目标是“成为一个伟大的人和一个伟大的公民”。财富对他来说不过是“荣耀的另一种形式”,可以让他为身边的人,特别是亲近的人“做些好事”。

于是这阁楼里的酷暑和严寒成为巴氏作品中主人公必经的考验,无论是《驴皮记》中的拉斐伊尔,还是《法西诺·凯恩》中的自述人。在这艰苦的环境中,让巴尔扎克聊以慰藉的是他写给妹妹洛尔的那些洋溢着亲切与怜爱的信件,而在他写给并不热络母亲的信中,那样的语气是无论如何也找不出的。他全心全意地爱着这个妹妹,小时候甚至情愿代她受罚。他在信中东拉西扯,事无巨细都讲给妹妹听,也不打草稿,常常写成一盘“大杂烩”。“去他的草稿,难道要靠草稿传递心声?”话虽如此,但他为了写给第一个情妇洛尔·德·贝尔尼的头几封信,却是打了不少草稿。可见兄妹之间,尽是

“敞开心扉的闲谈”。他在信中抱怨他的牙痛，让他遭了不少罪。待到 9 月底，洛尔终于光顾了这座小楼的顶层。这座房子的业主是一个陶器商人，他家店铺就开在底层。巴尔扎克在信中记录着他生活在这幢房子里的一点一滴，并且津津有味地观察着这里的住户，像写小说一样描述他们：“住在二楼的父亲和母亲是一对老实人，尽管我眼力很好，也还未能看出他们是做什么的。这位父亲的左半边身子完全瘫痪了。房东是个正直的人，他的妻子是个生意人，虽然脾气不错，但相貌平平。房东夫妇有两个儿子——大儿子是个大懒蛋——还有个女儿，嫁给了小狮街的一个瓷器商（人）。就是我们帮妈妈跑（腿）去买那个大汤碗的那家。至于三楼那个单身汉，成日里游手好闲。”洛尔来看他时，巴尔扎克答应送给她一架钢琴，钢琴后来也出现在了拉斐伊伊尔·德·瓦朗坦的阁楼之中。他会钢琴吗？很有可能，在旺多姆教会学校的时候，关于音乐，他也算学过一些皮毛。

巴尔扎克与他的化身

巴尔扎克的文字中时常夹杂着一些俏皮话，大多是说他自己的：“你能相信我曾经一个星期胡想、胡整、胡吃，啥正事儿没干么？”或者“我住的这个街区着火了，就在莱斯蒂基耶尔街 9 号二层，在一个年轻人的脑袋里。消防员来了差不多一个月了吧？硬是扑不灭。他为一位素不相识的美女而欲火中烧，她的名字叫作荣耀，住在民族广场号，驴桥对面。”所有的亲戚、邻里都成了他戏谑的对象，尤其是名字比较特别的。比如他的母亲有位姓马吕斯[①]的表亲就未能

① 马吕斯：Malus，在拉丁语中指保险附加费。——译者注

幸免，被他说成：“变驴变马，甚是有趣。”但他在1822 年写给维勒帕里西报纸专栏的一封信中形容新婚的妹妹却是另一番口吻：“她是巴约的一颗明珠，圣洛朗派来的仙女，染坊街的圣女，康城的守护天使，充满魅力的女神，友爱的宝藏。”

巴尔扎克年轻时代的小说中孕育了不少由人名派生出的双关语。比如《克洛蒂德 · 德 · 卢希南》(1822) 中，当阿尔巴尼亚人威胁要把特鲁斯医生[①]“捆起来”的时候，出自卢希南家管家之口的那句“彭邦先生，您把钱都炸没了”[②]。

还有一封著名信件，写于 1819 年 8 月 12 日。他在当中滑稽地勾勒了一个叫作“我自己”的仆人，他对这个虚构的人物招之则来，挥之即去，还为妹妹写

① 特鲁斯医生：le Dr Trousse，trousse 在法语中有捆绑之意。——译者注

② 彭邦先生，您把钱都炸没了：Vous avez bombé vos comptes, M. Bombans. ——译者注

了一段他俩之间的对话。

“我自己！”

“什么事，先生？”

“我昨夜被咬了，你去看看有没有臭虫。”

“先生，一个臭虫也没有。”

写于1822年的短篇小说《生命中的一小时》也运用了同样的创作手法，接近写实风格。故事使用第一人称刻画出了胡讷大人（巴尔扎克用自己名字改编的第一个笔名[①]）的形象，言谈举止不无夸张的喜感：“尽管我的自尊在尽力为我的意图辩护，但真的是要有一番自命不凡的气魄，才能讲述我的亲身经历，把自己推到台前，引领着大家进入那个只为上帝而保留的圣地：良心。”巴尔扎克将18世纪英国小说家——

① 用自己名字改编的笔名：把奥诺雷Honoré的名字字母改变顺序变成了胡讷R'hoone。——译者注

《项狄传》的作者劳伦斯·斯特恩奉为楷模，想要像他一样，以一种滑稽讽刺的语言来描述“这首我们称之为存在的诗歌”中的短短一小时，以此去效仿斯特恩在《项狄传》中用四册书讲完一天中发生之事的精湛技艺。他的借鉴不仅凸显了个人价值的历史地位，也体现了他对记录城市街头生活场景的极大兴趣：“这些画面我一样也不会错过，而且我发现只有在巴黎才能遇到这样的场面。”于是他的自传蕴含着早期的小说理论和之后的故事主题：生活在巴黎的孤独感，在阁楼中的独居，在皇宫附近的独自逡巡，小说中许多漫步的情节都来源于此。巴尔扎克在书中干脆自称为“我”，作为他的第一个化身，并没有展现出大的假想成分。对这段短暂人生经历的记叙也为将来许多部小说的结构埋下了伏笔。真实的经历与虚构的故事紧密地交织在一起，形成了作品自身的素材。

1828 年，巴尔扎克又在小说中出演了一个与现实中的自己势均力敌的对手，维克多·莫里永——借用了旺多姆教会学校一位老师的名号。他把此人虚构成《小伙子》的作者，这部小说可以被看作历史小说《舒昂党人》的胚胎，讲述了旺代地区发生的战乱和对布列塔尼的风俗研究，这些都是他在弗日尔的帕莫勒男爵家的实地观察。他在自传体小说《关于〈小伙子〉一书的通告》中使这个角色形象愈发丰满，随后又把他的人物性格稍作改动后赋予到路易·朗贝尔身上。巴尔扎克把自己生活中的点点滴滴都倾注给他，赋予他深刻的意义。手稿中的一处涂改显示巴尔扎克曾犹豫要不要让他和自己同年出生，最后安排维克多·莫里永在1788年（两个8，而不是像他一样两个9）出生于旺多穆瓦小城，一个皮匠家中。巴尔扎克还把他写成了早孤，经常“醉心于阅读和沉思”，后被旺多姆教会学校的教授夫妇收养。尽管夫妇俩收入微薄，却对他视如己出。正是此时，这样一个“长时间得不到家庭关爱和社会认可”的非凡人物，才逐渐开始焕发出自身的光彩。他读起了英国文豪沃尔特·司各特的著作，并开始自己的创作之路，最终成为研究风俗的历史学家。巴尔扎克自己也想成为这样的人，他对那些历史事件和“编年史框架”并不感冒，他关心的是“浩如烟海的细节之中的真相”。着实动人的地方在于，巴尔扎克在一部家庭小说中集结了主人公身世之谜的所有元素：双亲离世或惨遭遗弃，被好心人收养，天赋异禀，终成大器。

天才抑或庸才

1819年，20岁的巴尔扎克对历史和哲学兴致盎然。他把洛尔当作自己的读者和亲信，用哥哥的权威说服她从父亲的书房里偷书出来，并向她透露自己在文学创作上的各种计划。他创作的罗马式悲剧《苏拉》、戏剧《海盗船》和书信体小说《斯蒂妮》，都比不上《克伦威尔》——“现代历史中最为优美的（主题）”。他在《人间喜剧》的前言当中写道：“对于沃尔特·司各特惊人的多产，我早已佩服得五体投地”，这位初出茅庐的作家开始了对历史题材的最初探索。他在1819年写给洛尔的信中非常严肃地发表长篇大论，他认为："创作当代题材的困难在于它们远不如古代题材那样富有诗意。雪上加霜的是，要想把一个当代故事写得有趣也是难上加难。我们的伟人全都是同一副样子。"他一头扎进几个世纪前的历史当中钻研了一番，却马上改变了主意。他很快就意识到，戏剧不应只属于过去，也不应只关系到这世上的伟人。

巴尔扎克的 1819 年开局还不错：1 月 4 日，他拿到了法律学位，并在巴黎大学法学院注册了第九次课程。他屈从于父亲的意愿，开始循规蹈矩地当一名普通的法律系学生，同时在吉约内－梅维尔和巴塞先生的事务所实习，把理论和实践联系起来。和大多理科生一样，他也是等到了全部课程结束才去参加学位考试，因为课程费用昂贵，而且他感觉自己并没有充分准备。

1819 年 7 月，巴尔扎克离开了巴塞先生的事务所。而且法学院在卢森堡游行之后就被迫关闭了，归因于新来的刑法教授弗朗索瓦－尼古拉·巴武颇具颠覆性的授课内容，在学生中激起了热烈的讨论。他在课上对流亡贵族——也就是那些因大革命而逃离法国的保皇党人的死伤以及财产被没收发表了大快人心的评论。此后几天之内等待他的有掌声也有闲话，有喝彩也有嘘声，紧接着教务处出面打断了他的课，没收了他的手稿和论文。他先是被国民教育委员会主席罗耶－科拉尔停了教职，后者随即也递交了辞呈，加入了为巴武辩护的行列。于是考试停滞、课程取消，巴武也因在公共场合发表言论、煽动公民违反法律而被告上法庭。7 月 31 日，他在佩尔西和都潘两位辩护律师的陪同下到庭受审。尽管总检察长瓦蒂美尼尔志在必得，但巴武最终还是被宣告无罪，并且赢得了不小的人气。也许是受到 1819 年发生的一系列事件的影响，巴尔扎克所在的学院关闭、考试中止、课程取消，经历了一场类似于 1968 年“五月学潮”的运动！以至于他在日后的政治著作中还能回忆起巴武在课堂上极力推崇的现代化基本规则，并将之视为真正的社会契约。还有他的法律教授布拉日，在卢森堡公园的一次游行当中，在学生和军警之间调停，发表了一番慷慨陈词的演说。

学校停课后，巴尔扎克闲了下来，也一直在寻找能让自己感受到家庭温暖的地方，于是他到伊尔-亚当河谷住了几日。1817 年他就曾来这里住过一阵，邀请他的是市长菲利普·德·维莱-拉斐伊，此人是还俗的教士，后来成了伏尔泰主义者，是他的父亲在大革命前就已结识的旧友。巴尔扎克坐着《入世之初》中描写的那辆连接此地与巴黎的皮洛丹驿车抵达那里，这位和蔼可亲的叔父在教堂前迎接巴尔扎克，并把他带回了自己位于诺让大街 11 号的漂亮寓所。巴尔扎克立刻就被这里清净的环境所征服了，他在《婚姻生理学》中写道："1819 年，我曾在风景如画的伊尔-亚当河谷住了一段时日，住在一座茅草屋之中。这幽静的居所毗邻卡桑公园，有着远离尘嚣的美妙，令人感官愉悦的景色、极好的散步场所和对奢侈品及艺术品来说夏日里最潮湿的住所……"在给妹妹洛尔的信中，他更是写道："要知道伊尔-亚当就是我的人间天堂。"他每次来小住都负责整理那间藏书丰富的书房，总能从中得到启发。不仅读到了布封的作品，还为他今后的小说积累下不少人物和装饰素材。比如在《农民》一书中，伊尔-亚当变成了"维尔-欧斐伊"，借鉴了东道主维莱-拉斐伊的名字。

他的脑袋里塞满了各种想法、计划和雄心壮志，他还曾写信告诉妹妹，他想要"巴尔扎克家光宗耀祖"，因为他确信自己是个天才，或者说他想成为一个天才。巴尔扎克淹没在各种思绪汇集的洪流之中，就像他年少时那样，经常扪心自问，自己究竟是个疯子、天才还是怪胎。像父母那样，两人之间漠不关心又并不相配，在他眼中只能是一种荒谬的结合。如此这般关于家庭遗传、动物本能和天赋的问题令他如芒在背，并充斥在青少年时期创作的文章中，他感到自己天生就长得难看。路易·朗贝尔的形象实际上就是巴尔扎克自己的写照：肥头大耳，脖子粗壮如牛，脸颊苍白，目光如炬，身体极不协调。但路易 · 朗贝尔自己坚称：“所有大人物脖子都短，因为大自然本来就想要他们的心脏离大脑更近。”

他当时正在写一篇关于诗才的文章。在身份认同的危机下，继而转向哲学中寻找答案。但他并没有关注同时代的哲学家，而是直奔笛卡尔、斯宾诺莎这样的大家，他们讨论的是存在的基本问题，并且是一直以来争论不休的问题。关于真理的问题是他研究的中心。还有语言的问题，他认为语言一方面是试图构建人类科学思想的完美工具，一方面又是探寻本原和出神入化的独特手段。与生俱来的幻想又将他引入了博物学家的世界——他特别关注布封、居维埃和若弗鲁瓦 · 圣伊莱尔，他们将生物描述分类，拒绝一切形而上学的先决条件，并相信组成大自然个体的统一性。巴尔扎克在《人间喜剧》的前言中将这一理论进一步发展：“世上只有一种动物。造物主只采用了唯一的一种模式来创造一切有机生物。动物是一种本原，只为适应它所处的生长环境而采取自己的外在形式，更确切地说，是各自不同的外在形式。动物学的种类就从这千差万别中产生。”除了“动物学种类”之外，还存在着“社会学种类”的划分，这一观点形成了巴尔扎克对社会的基本理念。他认为在这样的社会中，人类像动物一样，不断适应属于自己的阶层。而他创作《人间喜剧》的雄心正在于此，“像户籍一样详尽地”描述整个运动发展中的社会，从组成社会的基本单位——家庭开始入手，描写不同的社会阶层。如果说在动物的家庭里，怪胎被视为不正常，那么20岁的巴尔扎克已经意识到，他在自己的家庭成员中是个多么奇特的突变体。就像他笔下的欧也妮·葛朗台，和她吝啬的父亲是如此不同，或是来自蒙托瓦尔的路易·朗贝尔，一个皮匠家的好儿子，有着“病态的敏感”和单纯的意志力。

维勒帕里西

“哦！这世上没有第二个像我们这样的家庭了”，巴尔扎克在写给洛尔的信中感慨道。《驴皮记》中也有如此回响：“在巴黎没有第二间像我们家这样的房子了。”他对父母的怨念来自于他们注重外表而非实际，看重协议而非感情，更不用提他们之间无休止的争吵和责难。

好在巴尔扎克和洛尔之间的感情持续了一生，即便是在洛尔婚后。“有洛尔这样的妹妹，作为兄长该有多幸福！”在 1819 年 9 月的一封信中，他甚至给妹妹写了一首诗。

虽然 1819 年对巴尔扎克来说有个不错的开局，但对他的家庭来说却过得异常艰难。自 1819 年 3 月 31 日，他的父亲从军需部门的职位上退休以来，全家就只能靠为数不多的退休金生活了。巴尔扎克举家在 8 月份离开巴黎的玛莱区，搬到了位于塞纳－马恩省的维勒帕里西，住进了巴尔扎克夫人的堂兄克洛德·萨朗比耶的房子里。这也是出于家人的亲情和共济会的友爱！在门房上挂着的共济会支部的佩剑，在野心勃勃的贝尔纳－弗朗索瓦眼中无疑不仅是艰难时刻强有力的精神支柱，更是一种贵族身份的替代品，共济会骑士精神的象征。

他们在维勒帕里西的家坐落在乌尔科运河的对面，相当舒适。房子的正面有五扇窗户，分为上下两层还有一间阁楼，有花园、菜园和果园，篱笆隔开了房子右方的一个院子。屋子的底层有一个前厅、石头砌成的楼梯、餐厅和一间宽敞的客厅。楼上三间带暖炉的卧室分别属于萨朗比耶夫人、巴尔扎克夫人和洛尔，洛朗斯睡在姐姐卧室旁边的一个小隔间里。父亲要了一间没有烟囱的房间，而巴尔扎克和亨利共用二层的一间卧室，因为他们只有在放假的时候才会来住。巴尔扎克家一开始是向夏尔·萨朗比耶租的房子，后来夏尔的堂兄弟克洛德从他那里买下了这座房子，就涨了房租。为了省钱，巴尔扎克一家离开这里又搬回了巴黎，住在福安门大街的一间公寓里，之后又搬到了金国王大街，同样都在玛莱区。巴尔扎克夫妇最终在 1824 年 6 月以 1 万法郎的价格买下了维勒帕里西的那座房子。房契是在巴塞先生的事务所签订的，巴塞先生是巴尔扎克家在神殿街 40 号的老邻居，巴尔扎克还曾在他那里实习过。于是他们全家又搬了回去，巴尔扎克在那里度过了 22 岁到 25 岁的时光，这是 20 多岁的巴尔扎克和家人一起生活的最长的时光了，当时他们辗转于维勒帕里西和巴黎之间。

巴尔扎克住在家中的这段时间，他是否和父亲有过一些意气相投或是亲密的举动？父亲确实像妹妹洛尔描述中的那样，是个精力充沛又礼貌的“好老头儿”。他“很少讲关于自己的事情，年轻时过得逍遥，所以现在也显得比较宽容，他给每个人都留有其所企盼的自由空间，对他人的评价合理公正。虽然他有些古怪，但那温和的好脾气让他身边的每一个人都觉得很舒服！”尽管他的岳母讨厌他，妻子背着他出轨，但他仍旧像“埃及的金字塔一样，即使大翻地覆也岿然不动”。1820—1824 年，巴尔扎克住在家里，从维勒帕里西到巴黎这三年间，他经常独自和父亲在一起。贝尔纳 - 弗朗索瓦不常写信，信中语气也多是一本正经，甚至是庄严神圣的，但在家庭餐桌上的对话总应该是活跃的！卫生、道德、政治、宗教史、远东，父子之间总有谈不完的话题。作为一个不自知的乐观主义者，贝尔纳 - 弗朗索瓦有一个非常自私的执念——

长生不老。为了能活过 100 岁，他自己炮制灵丹妙药，甚至去喝树的汁液。他写给孩子们的信中也多是长寿的秘方和养生的说教。这种作为父亲的执拗，即便是小女儿的死也没能使他动摇。他是如此坚信自己能活过 100 岁，以至于在 45 岁时，依然单身且无结婚计划的他参加了拉法尔日养老储金会。这是一种可以追溯到马萨林[①]和银行家洛伦佐 · 佟蒂时期的保险组织，每位认购者向储金中投入一笔钱，并能领取全部投保费的红利。当某一位认购人去世后，他的份额将被仍在世的认购人平分，而活到最后的那个人将享有全部的资产。弗朗索瓦 - 贝尔纳自认为应该是最终的受益人之一。可他最终没有如愿活到 100 岁，而是在 83 岁就撒手人寰了。1829 年 6 月 19 日他去世这天，巴尔扎克并不在场。他当时在哪儿？那一年中没有一封

① 马萨林（1602—1661），法国政治家、外交家，路易十四时期的首相及枢机主教。——译者注

信——确实是一片空白——能给出答案，没有一封信提及丧事的操办。不过在1829年3月，第一本署名为巴尔扎克的小说《舒昂党人》出版，似乎象征着儿子想要代替当时仍然在世的父亲，让家族的姓氏熠熠生辉。

母亲大人

巴尔扎克父子之间的年龄相差了半个世纪，而巴尔扎克夫人仅比儿子年长 20 岁，没有什么比这更能催生俄狄浦斯情结的了。据洛尔描述，巴尔扎克夫人相貌姣好，性情活泼，精力充沛。但是她的性格简直要命！神经质、什么事都容易走极端、疑神疑鬼、经常举棋不定，总觉得自己的日子比谁过得都惨，为一点儿细碎的琐事把全家搅得不得安生。她发一次脾气经常会持续好几天，一点无心之失都会被解读为缺乏尊重，会令她终日郁郁寡欢地生闷气，态度也变得冷若冰霜。她疑心很重，总是以为周围的人在背着她搞些什么阴谋诡计。从精神分析学的角度来看，这是欲望得不到满足的女性歇斯底里的典型症状。于是为了转移注意力，她总是不停地东奔西走。“前脚离开巴黎，后脚就到了乡下”，引用她丈夫的原话，巴尔扎克夫人“就像织布工人手中的梭子”。巴尔扎克在有关家庭生活的小说中，总是抬高父亲的形象，贬低对丈夫不忠的母亲，由此看来是有事实依据的。他的母亲不仅有婚外情，而且还生下了私生子。巴尔扎克又是在何时、在怎样的情形下得知的？难道他自己有意无意间还体察不到吗？他们兄妹三人并非母亲“心照不宣的宠爱”（《三十岁的女人》）的对象，直觉已经给出了确定的答案。被发配到巴黎的巴尔扎克，作为不得不被生下来的孩子，在玛莱区实习和在查理大帝中学寄宿时，经常十分抑郁。在日后许多不同场合，他都会讲起当时自己的自杀倾向。诱因再明显不过了。8 年的寄宿生活、孤独的青春期、母爱的缺失、对妹妹有些过头的爱，尽管他生性活跃、富有好奇心，也抵不过这样慢性的忧伤。一封1822年2月写给洛尔的信中道出了他对于巴尔扎克夫人与亨利的生父德·马戈纳先生婚外情的暗示：他先是讲了一些众所周知的邻居偷情的放浪笑话，提到了父亲“如磐石一般不为所动”，又开了德·马戈纳先生的玩笑，不遗余力地向洛尔暗示这位萨榭城堡的主人和母亲非同寻常的关系。或许正是这份发现母亲行为不端的痛苦赋予了巴尔扎克出了名的好眼力。他通过对母亲外出赴约前言谈举止、打扮步态的细致观察，总结出了奸夫淫妇惯有的一些外在迹象，从而成为不朽的婚姻生理学家、表象的评注者、优秀的社会观察员和人间喜剧的解密人。他深受伟大的瑞典神秘主义者斯韦登伯格的启发，对他而言，通奸是罪孽的终极形态，是最为典型的幻想，是“那些执意要染上人间欢愉的灵魂所处的一种状态”。

他在民法典中找到了所有不言自明的内容。这应该就是为什么这位初出茅庐的小说家在《正直者准则》和1829年在勒瓦瓦瑟尔与乌尔班·卡耐尔出版社出版的《一个青年单身者发表的婚姻生理学研究，或对婚姻幸福与不幸的折衷主义哲学思考》中，开启了对通奸这一社会问题的探讨。在那样一个放纵的时代，这标志着他对纵欲有了新的发现。“这个词在法典中如同一个庞然大物，每次出现，它的身后无不拖着一群阴森森的扈从。当他读到那神圣的‘通奸’一词时，眼泪、羞耻、仇恨、恐怖、秘密的犯罪、血腥的战争、群龙无首的家族和不幸全部在他面前幻化为幽灵并突然向他扑来。”

这两个字和故作庄重的语气显示出写下这篇讽刺文章的“年轻单身汉”终于可以用玩笑的方式来探讨这个难以启齿的问题了。

1822年之前，巴尔扎克似乎还未曾体验过男女之欢。正是在那一年，他成为洛尔·德·贝尔尼的情人，这件事让一个笨拙不讨喜的男孩成长为一个真正的男人。这个问题在书信中并未能得到确认，不过他在那一年写下的自传体文章《生命中的一小时》中向我们展示了一个喜爱散步的青年。他在文学创作上有着大好的前景，在皇宫附近跟随并观察一位年轻的姑娘，很有可能是妓女。但故事在两人之间尚未发生实质性进展之前就结束了，这一事实本身可以被解释为对一件真实发生的事件的隐喻，也可以侧面证实这是出于作者并没有感情方面的实际经验。所以才会把尾随当做情节中最精彩的高潮部分，或者至少是一个理想的故事开端。之后情节可以有所变化，但这样的开场，经过不断地审视和打磨，仍旧占据着他许多部小说的开篇。1829 年，在《婚姻生理学》中，通过一位散步者欣赏并尾随“一个赶着去赴约的女人轻盈、细碎、卖弄风情的脚步”的桥段，将这种闲逛上升到了科学和艺术的层面。而在整部《私人生活场景》中都在不断上演注视的场面。大胆的注视、禁忌的目光，挖掘出最不可言说的私密，并将其公之于众，不仅毫无负罪感，而且还带着显而易见的快感，这种放肆甚至显示了幻想的深度。

初　恋

在举家搬到维勒帕里西后，巴尔扎克常听两个妹妹谈论起贝尔尼家的女眷——姑娘们和她们的母亲。贝尔尼先生和夫人住在村子另一头的一栋房子里，巴尔扎克家住在村口。在搬回巴黎前，巴尔扎克家就在这里度过夏日。他家有三个女孩和两个男孩，两家相处得很是融洽。贝尔尼先生是皇家法院（上诉法院）的顾问，机会主义者贝尔纳－弗朗索瓦对他很有好感。所以，当贝尔尼家的长女艾米丽和沙特尔法庭法官米什兰在维勒帕里西举行婚礼时，他的父母和妹妹们很可能应邀去参观婚礼了。5 月 31 日，在村里的一次节庆场合，巴尔扎克第一次遇见了洛尔 · 德 · 贝尔尼。他如同《幽谷百合》中的菲利克斯 · 德 · 旺德奈斯一样陷入了无尽的幻想，梦想着亲吻她美丽的双肩，和她一起坠入疯狂的爱情之中。洛尔 · 德 · 贝尔尼出生在依内尔，尽管已经 45 岁（比巴尔扎克夫人还年长一岁），还生过好几个孩子，但不得不说她看上去依旧年轻动人。此外，她还是路易十六和玛丽－安托瓦内特的教女，她的父亲是王后的竖琴老师。她 16 岁时嫁给了 20 岁的加布里埃尔 · 德 · 贝尔尼伯爵，年纪轻轻的伯爵个性冷淡而又内向，因而她的婚后生活并不算幸福。巴尔扎克起初先是给她写信，努力博得她的好感。他在信中如实地介绍自己，他说自己为人“极度害羞，即便是爱到意乱情迷，也不敢越雷池半步说出‘我爱’这两个字”；试想“一个年轻而又单纯的灵魂，尽管不慎身陷科学的泥潭，但由于想象力过于丰富，经常把所有事情都想得有些过度；然后，这份过度夸大也自然会倾注到情感当中，让他变得自以为是、疯狂、冒失，最终造就了这个年纪所有的缺陷和美德”。贝尔尼夫人对这份涉及她本人的青涩爱情避之唯恐不及，开始嘲笑巴尔扎克，想给他泼冷水。巴尔扎克则假装失意：“您等着看吧！我永远不会放弃的”，并做了一番“将死之人一般的诀别”。然而他的攻势仍在继续：“您的45岁对我来说并不存在，这6个月来我一直想的都是您。”贝尔尼夫人于是转而请求他好好做个普通朋友，跟他讲了自己的一段旧情，并且补充说如果自己“还年轻并且单身”，或许会爱上他。她曾经有过一位众所周知的情人并生下了他的孩子，此人名叫安德雷·冈匹，来自科西嘉，是波拿巴的好友。之后，渐渐地，贝尔尼夫人的感情似乎发生了一些转变。巴尔扎克在信中写道：“把友谊这个词从我们的字典中划去吧。”他们“晚上10点在栅栏处”私会，在经历一番挣扎之后，她果然还是无法抗拒这个年轻人狂热的追求。在芬芳的花园里，在幽会的长椅上，她最终还是屈服了。“在这满是你的夜里……被你疯狂的吻所追赶，”他如此写道，“我只能看到那张长椅……我爱你爱到癫狂。”

还不到 23 岁的巴尔扎克让贝尔尼夫人体会到了爱和欢乐。这种既充满激情又饱含母性的关系，令两人都得到了满足。他叫她“我可人怜的妈妈”，如同卢梭称他的情妇华伦夫人那样。恰巧贝尔尼夫人的名字也是洛尔，与他的母亲和妹妹重名。这个名字里蕴藏着他所有的爱意，令他为之动情不已：“洛尔对我来说一直都是个珍贵的名字，它只用短短几个字母，就让我和所有优雅的、迷人的、友爱的、亲密的、高尚的感情产生了联系；这个名字蕴含的美，并不是那种冷冰冰又毫无生气的完璧无瑕，而是一种更加强大的美，来自高尚的情操和灵魂至真的微笑；这个名字当中蕴含着无尽的信任、自由、坦诚与爱。”

贝尔尼夫人被他爱称为“迪莱科塔”（Dilecta，在拉丁语中“爱人”之意），并且很快取代了他最爱的妹妹洛尔，成为第二个母亲角色的替代者。贝尔尼夫人有座桦树屋庄园，坐落在讷穆尔附近栾河畔的格雷兹，巴尔扎克常到那里去见她。她在巴尔扎克的生命中将扮演一个至关重要的角色。他曾说过："我就是她的孩子，因为她在年少的我眼看就要遭受悲伤与毁灭之时收留了我。"

1824 年 8 月，巴尔扎克听从了她的建议，毅然"离家"搬到巴黎图尔农街 2 号。这个地方是洛尔找的，离她在昂菲圣米歇尔街（今天的圣米歇尔林荫大道）的临时落脚处不远。一方面方便巴尔扎克在《文学小品》报开始他的记者生涯，也方便洛尔每星期去看望他。这对巴尔扎克的母亲是个打击，看着儿子的情妇来来回回地往返巴黎，身为过来人的她无法不感到焦虑。

在洛尔 · 德 · 贝尔尼身上，巴尔扎克找到了不曾体会过的温柔，对他个人天赋的认可，还有一直以来求之不得的无条件的欣赏与爱慕。贝尔尼夫人曾对他说："您就好比一颗鹰卵生在了鸡窝里。"同样是她，阅读过巴尔扎克的所有作品，给出最中肯、最明智的建议，让他的才华开始绽放。她还努力地教导这个年轻人，纠正他的不拘小节、不知深浅和孩子气的自负，教会他宫廷礼节，让他可以出席只属于贵族的沙龙并少在那犯傻事。巴尔扎克顺从地接受了这些教导，并满怀柔情地口述一遍。他的这种柔情也同样体现在了昂里埃特·德·莫尔索夫[①]的身上。

他们二人从未断了往来。面对情敌洛尔·德·阿布朗泰丝，在一通疯狂的妒忌之后，贝尔尼夫人甚至同意了巴尔扎克可以有其他的情妇，还给予一些无私的相关意见。1830 年，巴尔扎克带贝尔尼夫人去了图莱纳省的卢瓦尔河畔的圣希尔——他曾经被寄养的地方，他们住在山坡上一座能够看到卢瓦尔河美丽景致的庄园里，后来还诞生了一部与之同名的小说《石榴园》。巴尔扎克把《路易·朗贝尔》献给了洛尔·德·贝尔尼，并在题词处写道：献给我的挚爱，

① 昂里埃特·德·莫尔索夫，《幽谷百合》中的人物。——译者注

从现在到永远。他一直把自己看作是她精神上的儿子，或者干脆就和亲生儿子一样。贝尔尼夫人去世后，巴尔扎克在给昂斯卡夫人的信中写道：“她曾是我的母亲，我的家，我的朋友，我的亲信；是她成就了如今的这个作家，是她抚慰了当初的那个年轻人，塑造了他的品位。”

私人生活

巴尔扎克成了丈夫们要小心提防的年轻单身汉之一。事实上，通奸的现象在巴尔扎克一家的交际圈里比比皆是，甚至人尽皆知，这也是19世纪整个资产阶级社会的风气。他写给妹妹的信中满是对婚姻及其必然结果的嘲讽。巴尔扎克日复一日地看着他的父母为一件头等大事担忧，那就是为他们的两个女儿找一个好婆家。他在给洛尔的信中提到洛朗斯时，说她“生来就像画中人，有着他所见过的最美的双手和双臂，皮肤雪白，双乳长得那样的好看”。他叫她扎伊尔。尽管贝尔尼夫人膝下九子，但婚姻依然不幸福，这让巴尔扎克最终明白了“通奸让婚姻法则的严肃性变得普遍温和”。回想这个年轻人从童年创伤到长大成熟的经历，是一个有夫之妇的爱教会了他宽容。

早期对婚姻在社会中的重要性的观察使他选择了家庭和“私人生活”这两个题材开始了最初的文学创作，意在揭露人们讳莫如深的秘密。他在青少年时期创作的小说和之后一系列的长短篇小说当中，展现了家庭生活的方方面面。这一主题在《私人生活场景》的前言中有了确切的定义，他宣称要指出婚姻生活初期的问题，为读者描绘出一幅“这个时代家家户户将其隐藏在暗处，令观察家们都难以参透”的真实风俗画。

他的两个妹妹在 1821 年 9 月同时出嫁，根据《猫打球商店》里描述的当时的老规矩，妹妹不能比姐姐先嫁人。洛尔嫁给了一个怀才不遇的工程师——欧仁·叙维尔，他是《村里的神棍》中工程师热拉尔的原型。他对埃松运河的设计构思未被政府采纳，但却被巴尔扎克以拟人化的手法作为主人公写进了一篇诙谐短文《好主意的衙门历险记》。至于洛朗斯，则迫于父母的安排，成了阿尔芒－德西雷·米肖·德·圣－皮埃尔·德·孟采格尔的妻子，夫家用加长版的姓氏来掩饰经济实力上的不足。

无论他在巴黎，洛尔在维勒帕里西，还是回到家中，洛尔初嫁到巴约，巴尔扎克和妹妹总在一起取笑小资产阶级的虚伪，为最初的创作积累下不少素材。很快，洛朗斯和阿尔芒·德·孟采格尔的婚事就变成了一场灾难。对方招摇的姓氏吸引了老巴尔扎克夫妇全部的注意力，他们对这桩婚事飘飘然不知所以之余，却并没有好好调查对方的底细。结果这个“下流胚”欠了一屁股债，在警方那里也是挂了号的。不久后洛朗斯就发现自己的丈夫其实粗鄙不堪，让她受尽了苦头。这个“浪子”把所有人哄得团团转，只有巴尔扎克对他保持着怀疑和嘲讽的态度。经历连续两次怀孕、重病之后，愁苦交加的洛朗斯最终被丈夫的债务击垮，被家人抛弃，于 1825 年 8 月 11 日去世。巴尔扎克在 1829 年的《猫打球商店》中保留了这段家庭悲剧的蛛丝马迹。这是他人生中的阴暗时刻！

短短几年间，巴尔扎克从家庭的各个角度观察到资产阶级婚姻的失败：他是不被宠爱的儿子，失去妹妹的哥哥，给别人戴绿帽子的奸夫。在《婚姻生理学》中，扣人心弦的偷情场面随处可见。从 1826 年到 1829 年的创作中，他渐渐抹去了明显属于他自己的家庭隐喻，用刻薄的讽刺将自己置身事外。“通奸是彻底的失败，在某种程度上，”尚福尔说，“使被牵连的人颜面尽失。”这渐渐引发了他对于婚姻问题的社会学思考。他一直想在社会科学中，依据明确的定义和数据，像动物学那样，区分不同社会种群之间的标准，建立一套数学般精确严密的系统。他痴迷于数字，热衷于博物学家的那一套方法。

在两位公证人巴塞先生和吉约内－梅维尔先生的事务所，年轻的巴尔扎克摸清了这项私密的社会机制的门道，使得他日后的作品成为了解 19 世纪社会法律制度运行状况最伟大的参考著作。这段公证员的经历让他开始对那个时代的社会阴暗面有了全面的了解，对此，他用富有远见的想象力塑造出了许多令人过目不忘的人物形象。正如他借《夏倍上校》中的诉讼代理人德尔维勒之口所说："我亲眼看到一个父亲把每年 4 万法郎的年金给了两个女儿，结果自己死在一间阁楼上，一贫如洗，两个女儿完全把他丢在了脑后！我也看到过遗嘱被烧毁；看到做母亲的剥削儿女，做丈夫的偷盗妻子，做妻子的利用丈夫对她的爱来杀死丈夫，使他们发疯或者变成白痴，为的是要和情人安心地过日子。我还看到有些女人教儿子吃喝嫖赌，任其挥霍生命，好让私生子多分一杯羹。我看到的事情说也说不尽，因为我看到的这些罪行，让正义看上去那样的软弱无力。总之，那些小说家编造胡来的骇人听闻与现实相比，简直是不足为奇。"读这段话就像是在读《传道书》。《夏倍上校》彼时已经大器初成，从最鲜活的现实观察中来，从《圣经》中极富争议的故事中汲取灵感，长篇大论地着墨于法律、婚约、长子世袭、禁令、继承、诈骗等问题。法律在巴尔扎克的小说中，也像在《圣经》中那样，用华丽的辞藻装点，和小说融为一体，被重新诠释，以另一种面貌出现。在法律和写作之间再也没有无用的对立，取而代之的是两种相辅相成的讲述方式之间和谐的互动。有关立法和司法的对白，从公证人或代理人这样的人物口中说出来，既使得人际关系的复杂性清晰可见，又让构成情节的人物行为变得合情合理。我们所看到的巴尔扎克并没有放弃法律，而是把法律带进了文学当中。

社团秘闻

巴尔扎克对周遭社会的审视让他产生一种忧伤，从而演化成一种冲动，来记录和分析那些构成时代风貌的世间百态。“摆在作者面前的模特儿，是整个极为动荡的19世纪。”（摘自1839年初版《夏娃的女儿》前言）描绘这样的一幅画卷谈何容易！年轻的巴尔扎克想要刻画的社会，就像他自己的原生家庭一样，是建立在某些心照不宣的潜规则之上的。社会规则中的讳莫如深接替家庭规则的禁忌，胁迫每个个体去扮演属于自己的角色。在最初的创作之中，他就开始斟酌这种来自社会的约束力，勾勒出在书中登场的脸谱化的社会形象。在《生命中的一小时》的初稿中有这样一句话，揭示了巴尔扎克日后那部巨著中的基本主题：原来有的人去法兰西剧院看戏是为了“寻找激情”，这样的发现对我来说至关重要。因为这就是《人间喜剧》的根基。

《人间喜剧》中另一个反复涉及的话题，就是秘密社团。菲利克斯·德·旺德奈斯讲述巴尔扎克有一个“魔鬼般孤独”的童年，巴尔扎克也一直固执地认为一个人单凭自己将一事无成，必须选择在一个团体中生存。为了实现这个梦想，他先是和几个朋友一起成立了一个秘密社团，取名为红马。泰奥菲尔·戈蒂埃讲起他们青年时期的这段经历，他也曾是这个社团的一员：“我们这群朋友之间应该无时无刻地互相帮助，向朋友伸出援手，要尽自己所能，帮助指定的那个人发财或走向成功，当然那个人也要给予团员相应的回报。巴尔扎克被推选为社团的总长，他通过专人向社团的‘每一匹马’发去了一封信，信上画着一匹小红马，还有署名：总司厩，某时，某地。”

巴尔扎克更多地是想把这些单打独斗、对自己的权利一无所知又无能为力的作家联合起来。1836 年，他发表的《致法兰西作家们的一封信》成为他向作家同行们进行宣传运动的重要时刻，他们还仿照 7 年前为保障戏剧作家权利而成立的戏剧作家和作曲家协会创办了社团。他呼吁作家们统治欧洲的应该是思想而不是武器，提醒他们作家并未享有文字所创造的巨大财富：“法律保护土地；保护付出汗水辛劳的无产者的家园；但它却没收掉一位有思想的诗人的作品。”他的努力在 1838 年终于取得成果，文学家协会应运而生，并很快聚集了巴黎的知识分子精英，为维护成员的精神和物质权利而斗争。巴尔扎克身边不乏维克多·雨果、乔治·桑、欧仁·苏 、大仲马、小仲马、泰奥菲尔·戈蒂埃这样的文豪。

《人间喜剧》中也随处可见各种虚构的社团，如“十三人”“贪婪者”“慰藉兄弟社”，这些社团都因人数众多、行动隐秘、团结无间而强大无比。它们仿佛能创造出一股难以抗拒的力量，用忠诚、团结与融合来驱散对孤独和孤立的恐惧。正如戈蒂埃所言，社团的存在实现了“集合众人的强大力量，为了共同的愿景奋不顾身”的梦想。与这些神圣社团的团结友爱形成鲜明反差的，是年少的巴尔扎克匮乏的家庭和睦。

哲人至上

1819 年，巴尔扎克在教会学校已有时日，立志要成为一名哲学家。他在文章中经常引用马勒伯朗士和笛卡尔的论调；并将斯宾诺莎的《伦理学》中的头几页由拉丁语翻译成了法文——拉丁语原文当时并未在法国出版，他大概是在兵工厂图书馆馆藏的《忏悔录》（1677 年于阿姆斯特丹出版）中找到的。他雄心勃勃地批判现有哲学中的谬误，试图创造一种无论是从理念上还是语言上都更为严谨、属于人的科学，来取代他眼中错误百出、过了时的形而上学。

年轻的巴尔扎克对有关自然科学、医学、天文学和哲学的著作如醉如痴。在巴黎的查理大帝中学期间，他整理了自己的读书笔记，写下一篇题为《论灵魂的不朽》的文章，想要消除一种由来已久的错误观念，即相信灵魂不灭。当时的法律是禁止这样亵渎神明的质疑的。他最初的思想源泉无疑来自柏拉图。他找到了正确的方法，即笛卡尔的普遍怀疑理论，更甚于前者的是，他甚至也质疑怀疑精神本身。年少轻狂的巴尔扎克热衷于研究斯宾诺莎，想要探索出一种高深的哲学，让自己的理论一蹴而就。虽然巴尔扎克批判这位来自阿姆斯特丹的哲学家的体系，但却对其巧妙的手法钦佩不已，被他对万事万物的认识所吸引。或许是斯宾诺莎几何学方式的论证，令巴尔扎克对其严谨性更加信服。在仔细阅读了斯氏的著作后，巴尔扎克想要集合所有哲学语言的元素，定义一系列可操作的概念，为自成一派打下基础。他从斯宾诺莎的基本思想中领悟到，真实本身是一种理解力，与外部世界无关。真实的思想并不取决于客体，而是如同它们所揭示的事实那样相互依存，毕竟它们是对同一种现实的表达。

灵魂最终会像人类的感觉或是其他官能一样灭亡吗？遗传学、灵魂的差异性和人类的动物本能让巴尔扎克趋于认同灵魂是物质的，而且“根本的原则是相同的”。为了服从繁衍的需要，灵魂并非永恒之物，它和我们一同出生、成长、衰败，并最终要遵循正常的规律，面临死亡。作为一个初出茅庐的哲学家，巴尔扎克之所以有这份批判前人的自信，是因为他觉得自己应该去参加更大场面的辩论，在这样的辩论中他将拥有自己的一席之地，拥有发声的权利。在他眼中，灵魂的不灭是哲学问题的基石，真理就蕴含在其中。凭借无可挑剔的逻辑和方法，他相信自己已经同理想近在咫尺了。

巴尔扎克还十分钦佩比夏的医术，带动了解剖学和生理学的革新，梅斯梅尔的动物磁气说和使达尔文受到启发的若弗鲁瓦·圣伊莱尔的进化论也令他十分着迷。在 1820 年未完成的《法尔杜纳》中，巴尔扎克似乎还对动物磁气的理论兴致盎然，认为梅斯梅尔似乎能捕捉到人体的某种能量来治愈病患。但到了 1822 年，他发现这种磁气根本无法治疗因霍乱而大批死亡的病人。巴尔扎克当时被强烈的欲望所驱使，想要探究包裹在自身周围的所谓气场。据他的朋友儒勒·德·贝蒂尼所言，他开始观察磁气师的治疗场面，研究他们的手法，并大量阅读与之相关的书籍。总之，他的这股热情来源于一个非常明确的目的：想要借此能力得到“所有男人的服从，所有女人的爱慕”。他曾经自以为只凭自己一个魅惑的眼神，就能引得一个年轻姑娘从屋子的一头走过来扑进他的怀抱。他还认为自己有通灵的神力，以为他那老鹰一般的目光能对别人施以某种影响，甚至有位名叫维尔岱的书店老板说在他身边就能感应得到。

路易·朗贝尔和拉斐伊尔·德·瓦朗坦，这两位巴尔扎克的文学化身都写过一篇名为《论意志》或《意志的理论》的文章。巴尔扎克是否是在影射自己写过的文章呢？这一点已经无从查证，因为原作已经像小说中描写的那样，被一位怒不可遏的教书先生没收并销毁了。先生把那篇文章比作一团废纸并气得大叫：“你放着作业不做就写了这些没用的东西？”这完全有可能。洛尔回忆道，没了这篇文章，巴尔扎克一直很难过，他说他为了写这篇文章研究了不少东方语言、解剖学和生理学的知识，并想借此开辟一条人类科学的新道路。

他还在《路易·朗贝尔》中用一系列的定义来阐释自己的中心思想：“如果意愿和思想是发生的手段，那么意志力和想法就是产生的结果。”对他而言，意愿既是人类总体的心理特点又是一种富有创造性的能量，犹如人类生命的基础，它可以改变事情的结果，改写人的命运。1832 年，巴尔扎克还提到了他的《人类力量实验》的写作计划，主要是研究人的生命力，证实生命力的强大。正是梅斯梅尔的理论，让意愿成为他理论体系中的关键和精髓，“这份耶稣最钟爱的才能、神圣的强大力量被交与使徒，然而他们对它的见解甚至还不如那些让-雅克和伏尔泰的门徒。百科全书派和教士们在这一古老而又显得那样新奇的人类力量面前都显得有些无所适从”(摘自《塞拉费伊达》)。动物磁气说是意志力信条的核心，也解释了创作《论意志》的想法由何而来。因为对于路易·朗贝尔来说，意志首先是磁气大师所发的“气”或是“功”的变体。《论意志》可以说为巴尔扎克在1839年发表的《论现代兴奋剂》做了哲学的理论准备。意志会刺激肾上腺素的分泌，和烟草、茶叶、咖啡或鸦片有着类似的效果。巴尔扎克本来嗜咖啡如命，当戈蒂耶拉着他到比莫丹酒店著名的“哈希什[1]人俱乐部”去尝鸦片时，他却不为所动。尽管他体验过这些兴奋剂的强大功效，就像《驴皮记》中的驴皮，让人忽而精力大增，之后

① 哈希什：印度大麻榨出的树脂，可做药品或毒品使用。——译者注

又消耗殆尽。但他知道，意志才是这其中最强大的兴奋剂。它在物质灵魂中扮演着无比重要的角色，对年轻的巴尔扎克来说，这是人类个体最为私密和特别之处——人这个复杂而又精确的个体拥有五种特质：意志、记忆、想象、判断和创造各种联系的官能，天才会从中汲取力量，并用独特的方式表达出来——因为意志是一种可以产生思想（亦指全部的思考与热情）的强大生命力。不过思想是可以杀人于无形的，它是一个人混乱和毁灭的诱因，是人类最致命的“溶剂”，是我们深信不疑的、不朽的灵魂的本质。这是巴尔扎克作品中最大的特点。波德莱尔后来评价说，在《人间喜剧》当中，“意志都写在灵魂的嘴脸上”。

对相术感到无比好奇的巴尔扎克，认为可以通过面相、手相，甚至是纸牌来解释人生。他很小的时候就开始相信自己能看得到未来。他曾预见过当时尚未出现的催眠术，而且把他率先称之为“神经官能症”的症状赋予了小说中的人物。他是生理学家，是身体和灵魂的医生，在精神的痛苦中找到了所有身体疾病的成因。他的想象力可以摧毁一切，也可以把他带到思想中的未知国度，让现实世界与脑海中的镜像形成对照。而且磁气学——“来源于某些暗黑的法术，一如化学来自于炼金术士的炉灶”（摘自《邦斯舅舅》）——引起他的兴趣，出于对知识的渴望：他认为磁气学可以打破各种科学之间的壁垒。神秘学说对于一个资历尚浅的小说家而言如同一份取之不尽的宝藏，而巴尔扎克深知神秘感是能让小说有滋有味的佐料，于是磁气术在《于絮尔·弥罗埃》（1842）著名的催眠桥段中隆重登场。他对此深信不疑，甚至陪母亲去看一位通灵的磁气术士尚博朗，还有德·马戈纳先生的一位亲戚推荐的一位女术士，名叫圣－阿穆尔夫人，据说曾经神奇地医好了几位病人。这样一来，巴尔扎克夫人也成了磁气术的信徒，还时常亲自给女儿洛尔治疗。此后，她又头脑发热地转向了光照派，是当时兴起的一股崇拜光照即神启的宗教哲学。从

1823 年起，她买了许多关于神秘圣人和神智学者的书籍。

巴尔扎克夫人还特别向巴尔扎克讲过一位路易－克洛德·德·圣－马丁，人称“不知名的哲人”，他写过一本书，专门研究神灵的隐秘传说，扩展到他在上帝和凡人之间的联系，从而寻求宇宙的奥义。在 1795—1803 年之间，此人曾寓居于图莱纳，这里的人——尤其是巴尔扎克夫人都读过他的文章。巴尔扎克听说维克多·库赞曾援引过他、斯韦登伯格[①]和一些神秘学家的言论。于是他开始读圣－马丁的作品，还和母亲一起探讨，一时间成为他主要的灵感来源。

巴尔扎克在 1821 年表现出要成为一名百科全书派学者的雄心壮志，他列出了一张所有想要涉猎的领域清单，为首的是形而上学，各类自然科学紧随其后——从宇宙学到统筹学——还有哲学、历史和政治

① 斯韦登伯格（1688—1772），瑞典科学家、宗教学家。——译者注

等，并且他还打算侧重研究辩论、词语义、叙事诗、悲剧和战争学。这对一个 22 岁的男孩来说是多么宏大的计划！

他不但渴望成为理论学家、百科全书式学者，更想作为一名哲学家，得到人们的认可。纵观他的哲学思想，来自自然科学和医学的影响与神智学家圣－马丁、德国神秘学家雅各布·博迈和瑞典理论家斯韦登伯格等人的影响旗鼓相当。狄德罗曾为《百科全书》撰写过一篇题为《神智学者》的文章，他指出这一来源于古希腊语的称谓是指一些特定的哲学家，他们醉心于研究各种不同起源、掺杂着东方宗教和西方玄学的信仰。狄德罗对这些“天赋异禀之人”既有艳羡又有鄙夷，他们不论是光照派，还是神秘主义者，通常都知晓一些黑暗又令人着迷之事。比如化学家、神智学者、像帕拉塞勒斯这样的炼金术士都被称为理论哲学家。狄德罗认为，在这些学者身上，“天才与疯子近如咫尺”；巴尔扎克在《表达理论》中也曾形容他们的言论“介于圭臬与呓语之间”。而他对神秘主义心之所向的热情，令他很难将其与神智学说区分开来。在母亲的启迪下，“他从青少年时期便如此热衷于神秘的宗教体系”。以致若干年后，他在《神秘书》的卷首写下豪言，要将神秘主义带出晦暗，让它“如现代小说一般引人入胜”。最终，他以三部曲《流亡者》《路易·朗贝尔》和《塞拉费伊达》完成了这一心愿。

小说之现代体裁

事实上，巴尔扎克全力以赴去做的还是小说的创作。他很早就被沃尔特·司各特惯用的历史小说形式所吸引，无论是《艾凡赫》或是《昆汀·达沃德》，都避开了具体的历史事件，而更加侧重于关注私密的家庭生活，以及这两者之间所反映出的社会秩序，重现了“旧时的精神风貌”。在他看来，由历史转向对特定时代风俗的描写，体现了这位苏格兰小说家最重要的创作意图。他想要把这种意图扩展到一部更具规模的作品当中，使之成为体系，令小说的故事性可以融入人们熟悉的现实当中，让“史诗中真实与不可思议之事”共存。时代风情配合着主人公的经历，亦保障其不失真切。“写一个完整的故事，让它的每一个章节都是一部小说，每部小说都代表一个时代”（摘自前言），这是达尼埃尔·达尔泰兹在巴尔扎克的《幻灭》（1837）当中对吕西安·德·吕邦普雷所云。

一切皆因这位年轻的小说家只崇拜但丁、拉伯雷、塞万提斯、莎士比亚、莫里哀、拉辛、弥尔顿、卢梭、歌德这样的盖世文豪。《圣经》在他眼中则被奉若理想之典范，“万书之书”，包罗万象，无论在叙述还是修辞上都堪为示范。“我想要一本完整版的《圣经》，如果可能的话，最好是拉丁语与法语对照的”，巴尔扎克在1819年10月25日给泰奥多尔·达布兰的信中如此写道，并且他还补充说：“我不要《新约》，我已经有了。我听说近来德索埃尔或迪多出版社印了一些我要的那种书。如果法文对照的实在难找，或是出版社把价格翻了倍，那我就要拉丁文版的吧，我不想要只有法语版的。”

他应该已经在旺多姆的奥拉多利修会那里——分

别用拉丁语和法语——研习和评注过《圣经》里最为著名的章节。他重新学习拉丁语，一是为了查阅《圣经》，二是为他构思的《斯蒂妮》或称《哲学的谬误》描写一幅以图莱纳为蓝本的天堂画卷。这部书信体小说一直没有出版，他在其上第一次用了胡讷大人这个笔名。从 1819 年秋天起，他开始着手创作，依照的原型是《危险关系》①。他的父亲曾经见过此书的作者。这部小说中通篇可见《创世纪》的痕迹，借鉴卢梭以及歌德的《少年维特之烦恼》之处甚至多于德拉克洛，竭力地表现他对手足间乱伦之恋的幻想。在 1830 年发表的《表达理论》中他对此矢口否认："我对妹妹纯洁而炽热的感情从未因任何人而动摇，我们二人总是一起笑对人生。"而《斯蒂妮》中的两位主人公，饶布和斯蒂妮，是喝同一个乳母的奶长大的，情同兄

① 《危险关系》：作者皮埃尔·肖代洛·德拉克洛（Pierre Choderlos de Laclos），是一部书信体小说，于 1782 年发表。——译者注

妹，像巴尔扎克和洛尔一样。他们被送到卢瓦尔河畔的圣希尔寄养，一起度过了童年时光。二人因学业而分离，11 年后他们再次重逢的场景却充满了狂热的情欲，如同《保罗和维尔吉妮》[①]中的两个主人公，最终赤裸相见。《斯蒂妮》是一部富有哲理的小说，当中的两位主人公（这种二重性的创作多用于表现戏剧冲突）体现了年轻的巴尔扎克在唯心论和唯物论之间的纠结。他们之间冗长的对白令情节变得沉重，也解释了这部小说何以未能出版。

① 《保罗和维尔吉妮》：作者雅克－亨利·贝纳丹·德·圣皮埃尔（Jacques-Henri Bernardin de Saint-Pierre），出版于 1788 年。——译者注

功成于戏剧

1819 年的巴尔扎克满脑子想的都是要“借一部大作一举成名”，他想要“为后世而作，而非迎合时下的品位”。于是他渐渐放弃了哲学上的思索，认为自己找到了一个比哲学和小说更加有收益的成功途径，写剧本——这是所有小说家梦寐以求的职业——并准备创作一部亚历山大体的家庭历史悲剧。他对自己的作品形式犹豫良久，最终在 11 月将《克伦威尔》的具体提纲寄给了洛尔，并留出了大片的空白供她提出意见。在后来许多著名的手稿上，都布满了密密麻麻难以辨认的笔迹。他想要写出一部像吉罗代的《阿塔拉》那样轰动的绝世佳作，这幅画的蓝本则是夏多布里昂 1801 年的同名小说。在剧中，奥诺雷以自己的父母为原型塑造了查理一世和昂里埃特 · 德 · 弗朗斯的形象，历史上博叙埃的悼词，还有他的老师维尔曼刚刚出版的《克伦威尔史》为他提供了参考。《克伦威尔》中精力充沛而又强势的女人——把自己的子女送到法兰西保护起来（抑或是某种程度上的驱逐或流放？）——意欲挽救被囚禁于宫中的夫君的皇后，捍卫律法尊严的国王，很明显是巴尔扎克父母的写照。初出茅庐的剧作家踌躇于此，也证实了这一点。他向洛尔透露自己在描写一段夫妻爱情的场景上遇到了难题，与史实相比，人情的真实更令他无比焦虑。无论是在戏剧、历史故事还是小说当中，自传体的形式最终潜移默化到巴尔扎克的笔下，成为巴氏作品的精髓。这部剧中也充满了对时下政治局势的猜测。他希望能沿袭古埃兹 · 德 · 巴尔扎克的辉煌。这位和他同姓的作家是吕西安 · 德 · 吕邦普雷的人物原型，生于昂古莱姆，曾被黎塞留任命为史官兼国王顾问。老巴尔扎克也曾野心勃勃地想借鉴他的小册子来为当权者做顾问。巴尔扎克在给洛尔的一封信中自称“小索福克勒斯[①]”，字里行间已然显现出一种政治远见。这种见地是他将一直保有的思想，即摒弃过气的专制主义，恐惧可能引发无政府主义的绝对自由，渴望一个强有力的政府。这一切都体现在了克伦威尔身上，这位拥有雄心壮志的伟人，摆脱了道德和信仰上的束缚，用英国革命的成功向世人证实了，现代国家完全免去君主。

巴尔扎克满心期待，但结果却是一场惨败！来年全家人聚在一起等待结果时，根据洛尔回忆，法兰西学院院士安德里厄给出了这样一句定论：“这位后生做什么都好，就是不要搞文学了！”他在一封写给巴尔扎克夫人的信中措辞略为委婉地表达了同一个意思：“我绝非故意要挫败您的儿子，只是我认为他与

① 索福克勒斯（Sophocle，前 496—前 406），古希腊悲剧作家。——译者注

其去写这些悲剧或喜剧，倒不如更好地规划一下自己的时间。如果我有幸见到他，我会向他传授传授应该如何看待修习文学这件事，从中可以获得什么好处，长些怎样的见识，而不用做一个职业文人。”在达布兰的再三恳求下，剧作家拉冯也勉强读了剧本，给了一个并不看好的评价。巴尔扎克则宣称他是“一个没有判断力的傻子”。

即使这样巴尔扎克也没有灰心，他放弃戏剧，准备重整旗鼓，并结识了法学家让·托马西，后者刚刚出版了一部关于撒利克法典的著作和另一部关于“波拿巴之死”所产生的影响的作品。尽管托马西主张的正统主义和天主教教义与他当时发展出的自由主义和反教权主义相违背，但两个人在上诉法庭作为法官和顾问工作时一直保持朋友关系。巴尔扎克还在法学院同窗索特莱的引荐下，认识了身为记者的奥古斯特·勒普瓦特万·德·莱格尔维勒（或称圣－阿尔姆）。此人比巴尔扎克年长6岁，身边的朋友称他是个“忠诚而正直的小伙子”，生得仪表堂堂。洛朗斯在1821年爱上了他，但很快被父母打消了这个念头，把她嫁给了导致她悲剧结局的孟采格尔。这位记者玩世不恭又爱说笑的性格并不是很讨喜，但他却有着敏锐的行业嗅觉。他的和善和幽默感使得身边聚集了一群各行各业的年轻人，为他的报纸写文章。他在1826年3月从漫画家莫里斯·阿卢瓦那里买下了刚刚成立不到两个月的报社（而到了1826年年底，他又把报社卖了出去）。那时，《费加罗报》还是一份名不见经传的讽刺日报，更倾向于反对派，也就是自由主义者，而且主要探讨文学方面的问题。而勒普瓦特万却把矛头指向了耶稣会，发表了一系列批判观点，令报纸大获成功。对于他手下那些才华横溢的撰稿人，他亲切地叫他们“小傻瓜”；其他人他就颇为郑重地称呼为“先生”，让人感到一种自上而下的冷漠。他很快就认识到巴尔扎克和其他人不一样，于是两人开始了一段充满热情而又成果颇丰的合作。政治上自由主义，生活中放荡不羁，反对陈规，随时准备嘲弄一切，巴尔扎克展现出作为一个记者的天赋。他的创造力和咄咄逼人的文笔令他的讽刺文章妙语连珠，讲遍了大巴黎坊间的各种逸事。但他最终也未能获得威望，得到他觊觎已久的工作，这令他过早地陷入了痛苦之中。于是便有了1857年记者伊波克利特·卡斯蒂耶如此的一番描述："眼前这个小老头，头发稀疏，下巴光秃，眼睛里没神。他被新闻业蹂躏得不成人形，就像小学老师挥舞着手中的戒尺，让一群年轻人在他的教导下学会削尖思想的匕首，刺入正确的地方。满腔热血的文学青年在这里每天挣下30个苏[1]。"

① 苏是古代法国货币名，1法郎等于20苏。

早期小说

1820年年底，巴尔扎克离开他的小阁楼，回到位于巴黎玛莱区福安门的父母家，之后又搬到了维勒帕里西。在两地辗转之间，他一直用胡讷大人这个笔名写作。他时而独自创作，时而和巴黎制造批量小说的“图书业资本家”合作，但终归离不开家庭这个主题。1821年7月，A.德·维莱莱尔格雷（奥古斯特·勒普瓦特万·德·莱格尔维勒的笔名）和胡讷大人合著完成了一部《比拉格的继承人》。“故事取自前本笃教会会长拉戈修士的手稿，手稿是他的两个侄子贡献出来的”。这部小说以800法郎的价格（一个普通职员半年的收入）被皇宫的书商于贝尔购得，并于 1822 年以 12 开本 4 册的形式出版。故事讲述了一家之母硬是把女儿嫁给了自己的情人，并且因为丈夫与自己合谋杀死了公公而对他鄙视不已，这样阴暗的故事恐怕也是史无前例。随后是一部“欢快”的小说——《让 - 路易》，又名《捡来的女孩》（12 开 4 册），同样是他们两人的作品，在同一年的秋天以 1 300 法郎的价格卖给了同一个书商，1822 年出版。他们有意要摒弃之前的阴暗小说，这部情节设定在巴黎大革命前夕的小说高潮迭起，充斥着一连串的笑料。年轻的女主人公方谢特是被捡来的孩子。为了她，浪荡的侯爵和好心、机敏但却笨嘴拙舌的烧炭工争风吃醋，引发了一场绑架、下毒和真相大白的好戏。这部小说对语言的驾驭十分出彩，妙语连珠的笑料和文字游戏令读者忍俊不禁。

巴尔扎克随后开始投身于《克洛蒂德 · 德 · 卢希南》（又名《漂亮的犹太人》）的创作。这部历史题材的小说完成于1822年5月，7月出版，并注明“普罗旺斯档案室寻得，胡讷大人发表”。故事背景发生在塞浦路斯国王约翰二世·德·卢希南的统治下，在颇为滑稽的情节中能找到许多巴尔扎克自身的痕迹。父亲对女儿的慈爱、母亲的捉摸不定，以及在后来的作品中反复出现的关于主人公与社会格格不入的主题，都通过“漂亮的犹太人”——一个出身贫寒的小伙子——这样的人物表现出来。这部小说后来更名为《犹太教徒》，以奥拉斯·德·圣奥班的笔名，于1836年再版。最令人惊叹的当属胡讷大人对历史题材表现出的别出心裁和故作洒脱：“人们生活的景象日复一日地被记述，但那些组成我们称之为国家的大众，以及引领大众的好国王或坏国王们，关于他们的生活场景却鲜有人去呈现……我要努力填补这片空白。”

巴尔扎克又酝酿出一个不着边际的计划，撰写一部《法兰西风情史》，记录几个世纪以来不断演变着的风土人情。1820 年，他在《生命中的一小时》中开始表露这样的想法："我们所统称的历史，理应是一幅关于国家和人类族群所创造的画卷，而如今我们的历史所记录的，不过是这些族群的'牧人'和'牧羊犬'。在我看来，还有很多需要做的。"他宣称另一种历史已经到来，一种关于大众的历史，能够"揭示人的内心"（内在和心理状态），"罗列各种情感，关于人类隐秘的历史"。

他于 1824 年动笔创作《放逐之人》，原本计划写出至少 12 篇反映 1380 年到 1750 年间风俗的作品，最终却未能付梓。这是唯一一部巴尔扎克未能完成的作品。这部未完之作讲述了查理六世统治时期，在阿尔马尼亚克人和勃艮第人征战不休、1407 年奥尔良的菲利普遇刺的历史背景下，翁贝尔·德·拉·罗什科尔蓬和妻子卡特琳娜的故事。可以明确的是，巴尔扎克旨在通过三个不同形式的短篇，向读者展现一幅风俗画卷——他在 1843 年的《一桩无头公案》中称之为"一丝不挂的历史”——以及关于家庭的主题。原因在于私人生活无论在哪个时代都是如此的雷同。他写给妹妹们透着古灵精怪之气的信中提到关于他们的家史，是这样写的：“国王永远都说好，所有事他都无所谓，餐单他根本不看，因为他早上 9 点才让人上齐一大桌晚餐，下午 5 点就只吃一个梨，然后早早就上床了……国王的母亲她老人家一向心绪不佳……王后是个好妈妈，她很开心租下了这栋公寓……王后希望法兰西早日脱离厄运。洛尔公主永远那样迷人、可爱，充满喜悦……”我们看到父母被冠以国王和王后的头衔，家里的房子被称作城堡，假期的出游被比作壮士出征，而洛尔和洛朗斯被唤作“王后的女儿们”，这个称谓后来成了《法兰西风情史》中一部小说的书名。巴尔扎克只需环顾四周，就能在自己的原生家庭中找到他要在小说中表现出的冲突，或是对于婚外偷情、夫妻妒忌和手足相残的幻想。比起小说家，他更像历史学家，永久地记录下他那个时代的社会和道德史，他的鸿篇巨著被冠以《人间喜剧》的题目，与之呼应的则是但丁的《神曲》。

时至 1822 年，巴尔扎克觉得自己已经出了名，却并不感到快乐。他写信给妹妹说：“不久之后，胡讷大人就要成为人们热议的人物，成为最为多产的作家，受人爱戴。女人们爱他如同爱自己的眼眸。巴尔扎克名利双收，被一群人簇拥着走来，高昂着头，眼中流露着自信。”他的母亲则担心他和那位女邻居的关系不清不楚，于是把他打发到洛尔在巴约的住处。此时的巴尔扎克沉浸在与贝尔尼夫人的爱恋中，开始创作《瓦纳－柯罗尔》。等到 8 月份他回到维勒帕里西的家中，就把小说的开头朗读给全家人听。“今年，”他给妹妹的信中写道，“我希望能挣到两万法郎，拿到我的第一桶金。”到了这一年的 11 月，他用奥拉斯·德·圣奥班的笔名出版了《阿尔登的副本堂神甫》。这部小说几乎一经出版就被认定有伤风化，书中神甫约瑟夫发现梅兰妮可能是自己的亲妹妹，但却无可救药地爱上了她。巴尔扎克借约瑟夫之口，凭借着自己深厚的历史学和社会学功底，用大量的篇幅分析了乱伦的问题。也可能正是因为过多地涉及乱伦的话题令人感到不适，巴尔扎克青年时期用笔名发表的其他一些小说并未得到读者的关注。1822 年 8 月 11 日，他以 2 000 法郎的价格把《百岁老人》（又名《贝兰格尔德家的两个人》）的书稿卖给了波莱书店，直到 9 月他才全部写完，用的还是奥拉斯 · 德 · 圣奥班这个笔名。他在这部奇幻小说中，不遗余力地展现了父亲对长生不老的追求，塑造了一个法力无边、得到永生的磁气术士的形象，象征着神一般的全视全能、没有人能逃过他的法眼。巴尔扎克在这一年里写下了 5 部小说，在 18 个月里写了 12 开的 20 卷书！他终于有足够的钱来维持生计了。借着这股势头，他在 1823 年初开始创作《最后的仙子》，5 月即付梓。但《瓦纳-柯罗尔》却遭到了退稿。“他们只给我 600 法郎的稿费！……我用手去田里刨地松土都比这挣得多！”这部小说最终在 1825 年才被出版，根据和新的出版商苏弗兰的合同规定，并没有作者署名，但是仍有两册单独刊印的版本，署上了奥拉斯 · 德 · 圣奥班的名字。他在这部书中专注讲述动人的爱情，主人公奥拉斯 · 兰登就是他自己的化身，才华横溢，因为一位名叫柯罗拉的英国姑娘有着苍白的肌肤而热烈地爱上了她。

《阿奈特与罪犯》是巴尔扎克第一部描绘资产阶级生活的小说，最初出版时的书名《海盗阿尔戈》似乎更加引人入胜。手稿在 1823 年 12 月完成后以 1000 法郎的价格售出，讲的是一个苦役犯被一位天使般的女主人公感化的故事。他的灵感来自斯韦登伯格，以及托马斯 · 摩尔的《天使之爱》。这种带有宗教和神秘色彩的主题此前已经在《塞拉费伊达》（1835）的初稿中出现过，当时的书名为《法尔杜纳（二）》。在《塞拉费伊达》中，金玉和顽石相互碰撞，爱情如天使般降临。年轻的米娜在爱恋中是如此的美丽、温柔、天真无邪，她的升天也宣示了塞拉费伊达的升天。

巴尔扎克早期小说中的女性形象通常是虚弱而苍白，温婉而空灵的。与天使的结合，在年轻的巴尔扎克看来，是人间至美的爱情，是理想中的愿景。与令人生厌的现实社会中，充斥着虚假、欺骗、谎言和通奸的绝望景象，形成了鲜明的对比。

字里行间

若是对这位年轻作家的想象力一探究竟，就会发现一些有趣的现象。那部未完之作《法尔杜纳》的书名，与他当时另一部未发表的小说《科尔西诺》中的人物洛杜尔纳先生的名字十分相似，而且此书的主人公名叫内欧罗，也印证了巴尔扎克热衷于将自己的名字字母改变次序来为人物起名的癖好。除此之外，《斯蒂妮》中的主人公瓦奈尔本来名叫凡·胡恩，形似他的笔名胡讷大人。这种处理方式让人以为巴尔扎克这个名字好像受了某种诅咒，应唯恐避之不及，又或者是因为这位事业刚刚起步的小说家痴迷于自己名字中某些变化多端而又神秘的特质，尚不能摆脱自我，把自己置于情节之中，通过一个又一个替身，来讲述自己最私密的故事。巴尔扎克最初的三部小说以胡讷大人作为笔名发表，同样是巴尔扎克这个名字的变体，颇具英式的发音则是为了向拜伦，以及被他奉为榜样的、流行一时的安·雷德克里夫、马杜林和沃尔特·司各特等人创作的暗黑小说致敬。接下来他启用了奥拉斯·德·圣奥班这个笔名继续创作，并在 1836 年为这位小说家编造了一部讽刺传记，由于勒·桑多代笔，题为《奥拉斯·德·圣奥班的生活与不幸》。他在 1822 年 2 月写给洛尔的一封信中表示想要写一部名叫《胡讷一家》的小说，其实某种程度上写的是他自己的家庭。从这个年轻人富有想象力的脑袋里走出来的每一个人物，都注定要成为一段丰满的故事、一篇虚构的家族史、一部崭新的家庭小说的核心。巴尔扎克费尽心机地把他的姓和名化作内欧罗、法尔杜纳、洛杜尔纳、胡讷大人，同样也将这一个个字符融入他的小说中，融入人物的名字中。在现存的一些他的手稿中，我们能看到不少如此尝试的痕迹。如此这般，他的名字成为打开无限可能的密钥，就像面对着一个几何方程，在其中可以解开名字所蕴含的他许诺给自己的充满荣耀的未来。同样，他为自己的替身路易取了和自己相同的双音节姓氏：朗 - 贝尔，并且以自己姓氏中的字母为元素命名了小说中的人物。而且正如他在 1841 年发表的《Z. 马尔卡斯》中所表达的，他相信姓名中玄之又玄的含义。所以对他而言，他的名字就像一句魔咒，加之一口仙气，就令他纸上的人物活了起来。

从哥特小说到神秘小说

圣－伯夫对于巴尔扎克青年时期的作品多有指摘。他甚至指责巴尔扎克“粗鄙不堪，从他早期作品的低俗程度中可见一斑”。对此，巴尔扎克否认这是“商业文学”或“口水文学”。然而正是这些尚且稚嫩，用不同笔名写就的小说，教会了这个年轻人如何写作。为了创作，他模仿了当时最为流行的几种小说流派，黑暗小说、“狂人”小说、历史小说、“欢愉”或情色小说（也被称为闺房文学），正是这些风格的作品销量最好，被大批发行。他借鉴了英国哥特文学，诸如安·雷德克里夫、刘易斯或马杜林的作品，其中充斥着许多关于古堡恶灵或是纯洁少女遭到迫害的描写。特别是在沃尔特 · 司各特的历史小说的影响下，他创造出一种颇受欢迎的小说风格，描述不断发展变化的社会风情史，用高潮迭起的情节、变化多端的场景和浓墨重彩的人物性格抓住读者的心，并使之日臻完美。他还借鉴了当时“犯罪林荫大道”[①]上诸多剧场里风靡巴黎的情节剧的叙事手法，开创了现代小说的先河。

与这些小说同一时期问世的还有一些风格迥异的作品，比如《法尔杜纳》或是1823年出版的《祷告论》，其开篇便是一大段令人咋舌的天主教教会誓言。巴尔扎克在这篇文字中表现出的对于信仰的疑惑，对于存在的焦虑，似乎只有在神秘主义玄学的温柔乡里才能得到暂时舒解。像路易 · 朗贝尔这样“天生就是教徒”

① 犯罪林荫大道（Boulevard du Crime）：巴黎神殿林荫大道的别称，因这里的剧场经常上演犯罪题材的情节剧而得名。——译者注

的青年哲学家，对“罗马教廷无微不至的宗教仪式”不胜其烦。他或许终究是对于自己的信念，或至少是自己的能力仍有怀疑。阿维拉的特蕾莎，费内隆的“纯洁之爱”，人迹罕至之地的殉道者和隐士，对他而言仍代表着至高无上的纯真。越是被他们吸引，他越发能在祷告中看到关于经验的终极真理。这一真理普遍存在于各种宗教之中，统治着人类社会的虚假与伪善。它与意识的其他中介状态置于同一个层面，例如，梦或幻觉，与对物质现实的思考相反，它将化作纯精神层面的活动，也就是说让思考作用于思考本身。巴尔扎克在这部论述中所阐述的奥义，如圣特蕾莎通灵时的沉迷，即与另一个秩序中的现实相联通。这一现实是宇宙的、神圣的，更是无垠的、通往心灵的。这就是祷告的本义：信者，如有神助，则能通灵。路易·朗贝尔就是这样一个典型：在他的视线里，非物质的东西都是色彩斑斓的，思想是蓝色的，天使是白色的。

记者巴尔扎克

1823 年，巴尔扎克结识了创办《文学小品》的记者奥拉斯 · 雷松，他的双周刊小册子每期刊行 500 本，言辞激烈地反对波旁政权。那年 10 月，他在一篇文章中不失幽默地表达了自己对剧作家维奥莱 · 德帕尼的不满，遭到了《跛足魔鬼》《戏剧报》和《风俗与文学》的纷纷退稿。直到 12 月，才在《文学小品》开始了他的记者生涯，以匿名的方式（这份报纸的所有文章都是如此）对他视之为标杆的沃尔特 · 司各特的《圣罗南之水》发表了短评。雷松接着发起了《准则》系列的策划，集结了许多或讽刺或滑稽的短作，一些胸怀天下的启蒙学者希望借此向大众宣传社会道德，拨乱反正。在雷松的指导下，巴尔扎克的一篇《正直者准则》（1825）揭穿了社会生活的谎言。这篇文章旨在向人们展示正直和狡诈之间的边界是多么的模糊，所描述的人物也不仅限于小偷和骗子，更有这世上的普罗大众，父母、朋友、小职员、公证人、律师和代理人。这已然是胡讷大人在《让-路易》中极力呈现的主题了。他接着又在奥拉斯·雷松的要求下撰写了一本关于长子继承权的小册子，还有一本《耶稣会正史》。在《耶稣会正史》一书中分析了教士们“鲜为人知”的强大权力，引用反教权主义文学的观点，把矛头直指教士，与他父亲的思想背道而驰。巴尔扎克在文中直言不讳，对教会假借神圣的名义行剥削之实表示了强烈的愤慨。

《正直者准则》当中的批判对象从小偷这一阶层扩展到为社会所容的所有人，将弱者与强者间、狡诈者与天真者之间不公平的较量大白于天下。整部《人间喜剧》也可以解读为法外之徒和“无辜的牺牲者”之间持续的对立。而《正直者准则》则鼓励人们勇于去质疑弥漫于整部社会喜剧中的表象、口是心非和谎言，为褪去故事中的人物对这个世界不真实的幻想的启蒙小说提供了理论准备。

直至1831年初，巴尔扎克都在与诸如查尔斯·菲力蓬创办的《猎鹰报》《摩登报》《侧影周刊》这样的报刊合作，此外还有《政治报刊文丛》。《政治报刊文丛》这份低价日报是由他在1829年结识的埃米尔·德·吉拉尔丹所创办的，后者是德尔菲娜·德·吉拉尔丹的丈夫。巴尔扎克经常光顾德尔菲娜举办的文学沙龙。但是渐渐地，记者的工作就令他越来越难以忍受了，这种情形在1837年的《幻灭》中被他用吕西安·德·吕邦普雷受辱的场面展现出来。在1840年写成的《论巴黎报刊业》中，他用最为晦暗的色调来描述新闻业，他对这个职业在很长一段时间内都抱有一种爱恨纠缠的复杂情绪。到了1831年8月，随着《驴皮记》的出版和这部“东方小说”的大获成功，巴尔扎克终于说服自己放弃做记者，从而全心全意地投入到文学创作当中。

他总会把一些想法、对小说的构思、人物的名字随手写下来。他年轻时的诗作，如《福多拉》《伊德内尔》《囚徒》都是在信封的背面草创而成的。然而在他心中最为持久的梦想仍是创作剧本。他在 1822 年起草了《下地狱的人》《乞丐》和《拉扎罗尼》，并最终写出了改编自莎士比亚《奥泰罗》的三幕情节剧《捉刀人》，彼时这一剧种正在法国流行开来。他将剧本送到了“快活剧场”，署上了奥拉斯·德·圣奥班的笔名，却不料铩羽而归。来年，他又开始提笔创作一部“三幕诗文喜剧”《三种方法》，并且构思了一部悲剧《阿尔赛斯特》，这一次他的灵感来自莫里哀和伏尔泰。

直到晚年，巴尔扎克所写的剧目都不太受观众的欢迎。大概是因为在他的意识里，只有将一场你来我往、活灵活现的演出搬上舞台，才能使观众脱离现实环境而进入到属于他的世界中去一探究竟。例如他童年的一次经历,外祖父组织了一场幻灯表演,就被写进了《双重家庭》当中，如此一番五光十色、多姿多彩的场景在巴尔扎克的脑海中营造出了对现实最为完美的幻想。这种在笔下创造出一个世界来与现实生活抗衡的气概，才是巴尔扎克最典型的风格。他先前坚信戏剧能够更好地实现他的想法，毕竟他可以为观众呈现一场真实而具体的演出从而赢得观众的拥护。但是他用了很长时间才想明白，小说其实就是“某种意义上的舞台，只有在这里，作者才有思考的自由，才能够将戏剧最真实的一面呈现出来”（见《舒昂党人》第一版引言）。这正是巴尔扎克在 1839 年选中的那个标题所迫切想要表达的，那是他全部小说的主旨，是拉封丹所言的“宏大的百幕喜剧”。那是但丁式的喜剧，也是莎士比亚式的喜剧，他要用喜剧来表达变化之中的社会现实。他透过这个标题把一个光怪陆离的世界投到剧场。根据这个概念，暗示社会生活不过是一场喜剧，我们当中的每个人都要挥舞着面具，扮演好自己的角色，创造属于自己的舞台效果。巴尔扎克的小说可谓比真实更加真实，如同幻灯和回转画，灯筒的上面发出亮光，照亮内壁上令人产生视觉错觉的画面，好像要把读故事的人牢牢困在这个封闭的空间内，把自己的想象一股脑倒给他。他在培育一个万能的梦，既有画面，又能听音，结合了戏剧、歌剧和所有的表演形式。他创造出了现代形式的小说，在史诗的基础上巧妙地融合了带有画面感的故事，同时操控着时间与空间。如此预示着电影写作的诞生。

命中注定的洛尔

巴尔扎克的妹妹洛尔，自从妹婿欧仁·叙维尔被任命为桥梁道路设计师后就一直居住在凡尔赛。1825年初，时年25岁的巴尔扎克在这里遇见了他生命中另一个名叫洛尔的女人。两人再次相见是在德尔菲娜·德·吉拉尔丹的母亲苏菲·盖伊举办的沙龙聚会上，这个洛尔也比他年长许多。洛尔·德·阿布朗泰丝时年39岁，父亲是财政部的官员，母亲是科西嘉科穆宁家族的后裔，这个家族曾经出过18位拜占庭帝国的君王。她本有可能成为恺撒第19世孙的儿媳妇，年轻时的拿破仑也曾向她的母亲提过亲。她是拿破仑手下大将朱诺的寡妻，也是拿破仑帝国的女公爵，对这段她亲身参与过的历史了如指掌。巴尔扎克在1832年的《三十岁的女人》中以她为原型勾勒出了茱莉·德·哀格勒蒙的形象，尤其是那精心编起的发辫和长裙上层叠的曼妙裙褶。她周身散发着高贵和遁世的气质，曾与奥匈帝国的首相梅特涅有过一段非同寻常的恋情。巴尔扎克深深为这位贵妇所动，决定用自己的魅力去征服她。他们起初多谈论女性和她们的多愁善感，他在写给她的信中，也像父亲一样，在署名中加上了代表贵族身份的词缀。阿布朗泰丝给了他真挚的友情，但他想要的不止如此。他们的恋情从1825年夏天开始。在信中，巴尔扎克对阿布朗泰丝时而称“你”时而称“您”，或直呼“亲爱的玛丽”，而非洛尔——这个名字在他心中是留给妹妹和贝尔尼夫人的。他们有很多同病相怜之处：两人身体都不太好。巴尔扎克时常牙疼得要命，阿布朗泰丝则为腿疾所困扰，此外两人都是债务缠身，但生活上却一个比一个更加挥霍。他总是饶有兴味地听她讲述她所经历的改朝换代和跌宕起伏的人生，尤其她曾是拿破仑身边的常客。这对一个年轻的作家来说简直是捡到宝了！他在信中还经常会把阿布朗泰丝和她的母亲混为一谈："这个女人曾经见过孩提时代的拿破仑，那时他还是一个一文不名的毛头小伙。她眼见着这个小伙子为生活中一些普通的小事而烦恼，之后她看着他长大，不断成长，以至于用自己的名字来主宰世界！她于我而言，就如同住在天国的天使，下凡降临到我的身边。"阿布朗泰丝也写过一些小说，巴尔扎克把她的小说拿到《巴黎评论》去，谈了个好价钱，还为她的文学创作提了不少建议。他们之间如暴风骤雨般的恋情令贝尔尼夫人嫉妒不已，而这段感情留下的回忆对年轻的巴尔扎克来说却是一座取之不尽的故事的源泉。他建议阿布朗泰丝继续用写作来记录她的故事，而她也乐于这样去做。她的《回忆录》获得了巨大的成功，而她却在 1838 年悲凉地死去。为她送行的并非巴尔扎克——他在 1832 年就离开了她，而是她为数不多的挚友，弗朗索瓦 · 勒内 · 德 · 夏多布里昂走在她颇为寒酸的出殡队伍之中。

书商、出版商和印刷工

年轻气盛的巴尔扎克在爱情的感召下，一发不可收拾地写出了最初的几部小说。但这些作品并没有得到预期中的成功，令他不得不转向一些经营的行当去碰碰运气。他先是想当一名出版兼销售商，觉得这个新兴职业比单纯的出版更有市场，但却没有意识到自己承担了更多的风险。然而他还是成功地说服父亲借给了他 3 万法郎的启动资金，从一个叫洛朗（名字和洛尔相关的人好像都追着他不放一样！）的大哥那里买下了一家印厂。这笔钱中肯定包含了买下印刷工证书的费用，要得到这份证书在当时还需要得到皇室的认可。而且正是贝尔尼先生，他的情妇的丈夫，写了这样一番话，向内政大臣举荐他：

“我与这位青年相识已久，他心地耿直，颇具文采，相信可以担当如此重任。以我身居之职，本不应为巴尔扎克先生举荐，但实因我私心认为阁下若能好意接受他的请求，定不会后悔！”于是这位青年得到了一张上面写着“奥诺雷·巴尔扎克先生完全掌握了印刷行业知识”的证书。1826年6月4日，他搬离了和贝尔尼夫人同居的图尔农街，住进了他的朋友拉图什家里。他家位于玛莱－圣日耳曼街17号，也就是今天的威斯孔蒂街。这条狭窄逼仄的巷子从19世纪以来就几乎没怎么变过。他的印刷厂开在一层，拉图什把二层的房间收拾出来给他住，以便洛尔·德·贝尔尼时不时来看他。巴尔扎克就在这半家半店的屋子里，开始自己接起了订单。他每天都要应付没完没了的讨债一样的供应商，或是急不可耐的客人。一摞接一摞的白纸被送进又脏又黑的工作室里，放在印刷工的身边。印刷工有着奇怪的绰号，比如“黑熊”，巴尔扎克曾在《幻灭》中解释过，因为他们总是往返于墨盒和印刷机之间，就像关在笼子里的黑熊或猴子，“如此循环往复地工作……到那 152 个小格子里去取字母排版”。他的合伙人包括安德雷·巴尔比耶，负责管理印厂的工人，还有让-弗朗索瓦·洛朗，负责制作字模。他想做到麻雀虽小，五脏俱全，把书籍相关的所有行业集于一身，但这却是费尔曼·迪多[①]投入了大笔财力物力才做成的事情。如果他的想法能有些预见性的话，就会发现自己根本不是那些大企业的对手。他的七台斯坦霍普机械印刷机，尽管在 1795 年时仍算是机器进步的象征，但从 1812 年起就将被蒸汽印刷机所取代。虽然体量不大，但巴尔扎克与巴尔比耶印刷厂却也凭借着不嫌弃告示、海报、年鉴、

① 费尔曼·迪多（Firmin Didot，1764—1836），法国著名出版商、印刷业先驱。——译者注

商业文件这样的小活儿而逐渐运营起来，比如他们印过500份《肉铺年鉴》，或是为圣安东尼街上的疗养药店印过两版各1000份的小广告《抗蛋白长寿药片》，巴尔扎克是这家药店在莱斯蒂基耶尔街分店的常客。他还曾帮查理大帝中学的同窗印过为昂里埃特·科尔米埃请愿的辩护书，这个女人夫姓贝尔东，犯了杀婴罪。他们出版的一些故事集或杂谈，如马尔科·圣依莱尔的《系领带的艺术》或《还债的艺术》销量喜人，另一本佚名的《巴黎招牌趣事小词典》也卖得不错。《历史轶事画集》第一卷出了4本，之后便没有了下文。

巴尔扎克创造和发展出了一套太过超前于时代的理念，比如他开始着手出版袖珍本的法国经典文学作品。这个想法最初来自巴尔扎克早期小说《瓦纳－柯罗尔》的编辑乌尔班·卡耐尔。卡耐尔与卡隆医生、巴尔扎克以及由退休军官贝奈·德·蒙卡尔维勒组成的小团体，使这一想法真正得以付诸实践。一部拉封丹的袖珍文集率先问世，以8开本的大小出版了一套

4册，配有戈达尔根据德伟里亚画作创作的花饰图案。然而客户们并不急于订购，合伙人们见机都把版权转让给了巴尔扎克。最后巴尔扎克为这套书写了前言，抵了他给贝尔尼夫人写的三次借条，而贝尔尼夫人也用行动支持了自己的小情人。另一套《莫里哀》的文集也以同样的形式编辑出版，签订了相似的合同。印厂房屋的出租人是阿松维莱兹·德·鲁日蒙先生，是老巴尔扎克一位热情的朋友，也是一位行事鲁莽的商人，总是劝巴尔扎克去借钱，而并非督促他谨慎。根据合同规定，接下来还有一部《拉辛》文集和一部《高乃依》文集要相继出版，但最终却未能如愿。他的失败大概可以归结为这些文集定价过高，印刷质量却很一般；而这种丛书本应价格低廉，让人人都能买得起。巴尔扎克从中品尝到了做生意的艰辛，还有数不清的困扰纠缠着他：如何给工人付工资，如何贷款，如何延长付款期限，如何躲避债主和高利贷。问题越积越多，破产迫在眉睫。然而，下一步作品的创作素材也在不知不觉当中累积起来。他用他的全部经历，去描写物质生活的现实和经济活动运行的机制，比如《塞查·皮罗托盛衰记》中香水商人的破产，《葛布塞》中绝不妥协的借高利贷者，还有《幻灭》中那些生活窘迫的记者和作家。这在文学史上，也是头一回。

危机与破产

巴尔扎克和巴尔比耶的工厂最终坚持到了 1828 年 2 月，但是从 1827 年 3 月起，印刷厂的资产和器械就已经归这两位合伙人的房东阿松维莱兹所有了。巴尔比耶负责管理技术，巴尔扎克负责承接业务。在此期间，他们承印了梅里美的《雅克团》和《卡尔亚瓦尔之家》，一套《法国大革命回忆录》丛书，还有阿尔弗雷德·德·维尼的第三版《三月五日》。“一个脏兮兮又消瘦的年轻人，话很密且云山雾罩的，不知他在说些什么。他说起话来唾沫横飞，以至于看不到嘴里的牙齿。”阿尔弗雷德·德·维尼如此形容巴尔扎克。另外还有《小说年报》，

当中收录了维克多 · 雨果的三个短篇和费尼莫尔 · 库柏的《红色海盗船》。时至 1827 年 7 月，巴尔扎克面临的危机愈演愈烈，原因有三：首先是过高的贷款利率加重了出版商的经济负担；其次是阅读室的出现遏制了购买欲，正如《法兰西学院辞典》中提到的，“人们只要交很少的费用，就可以在这些小型的图书馆中阅读书籍和报刊”；最后则是盗版的横行扰乱了市场。从 1815 年起，一些比利时的出版商开始大量搜集报纸上连载的故事，集结成册，也不给作者和编辑稿酬……巴尔扎克心目中的“灵魂的产物”不过和其他物品一样，不得不屈服于供需之间的法则。尽管危机四起，他还是和两个新的合伙人用洛朗、巴尔扎克与巴尔比耶的名字成立了新的公司。从 1827 年 8 月 1 日起，用 12 年的时间，经营了一家铸字厂。而公司的“赞助合伙人”——虽没有被特别提及——则是贝尔尼夫人，她成了这家公司四分之一社会资产的持有人。而且她把自己的一部分资产，从 1829 年 1 月 15 日至 1931 年 10 月 15 日的 12 张 500

法郎按季度的可支付汇票转让给了巴尔扎克。这家铸字厂仍然追求整合与做书相关的产业，作为未来的发展趋势，经济效益相当可观。此外，巴尔比耶和巴尔扎克还和布鲁塞尔皇家铸字厂的老板杜蒙先生一起买下了于 9 月 18 日和 19 日公开拍卖的约瑟夫 · 吉耶火字厂。随后，又以 500 法郎的价格从皮埃尔 · 杜胡沙耶那里买下了“字体制版工艺”（铸版系统）。巴尔扎克的母亲写信给他说：“要是你的生意做得成功，我也会替你高兴。”但是与如此大手笔的投入相比，他们赚到的钱却并不太多，经营状况也颇为令人担忧。同时巴尔扎克还在继续创作，于 1827 年 8 月写完了《小伙子》，并完成了《舒昂党人》的初稿；几个月后，又完成了《关于〈 小伙子〉一书的通告》。到 1827 年年底，他已经欠了阿松维莱兹先生将近 1 万法郎，欠贝尔尼夫人的钱更是超过了 1 万 5 千法郎，还没算上他欠印刷厂的钱。他仍在推进《法兰西风情史》的创作，写完了《舒昂党人》最后一部分，并命题为《最后一个舒昂党人》。

巴尔扎克发自内心地热爱这个服务于文学的行当，十分珍视这段工作经历。这份工作也确实很锻炼人。与同时期其他的作家相比，他会更多地考虑自己的小说开本、排版、插图、字体和封面。就像《幻灭》中的吕西安·德·吕邦普雷，他明白“印刷之于手稿如同舞台之于女人，它会把所有的美好和谬误全部大白于天下”。无论如何，文字之美需要被展示出来。印刷排版对他而言是实现这种美的方法，甚至有些魔力，他乐于探索其中。巴尔扎克在 1828 年公司最为艰难的时刻，斥巨资印制了一部《洛朗和贝尔尼铸字厂排版字体、花纹和装饰样本》，放任自己对排版艺术的追求。其中收录了许多奇特的字体名称、花纹式样、神话人物和星座符号。仅是“词语”（MOT）这个单词就占据了一页的篇幅，表现了他彰显词的含义而并不重其自身语义的意图。

他总是能把一些意想不到的趣味引入到小说的文本印刷当中，把说明、小广告、曲谱、墓志铭、悼文、诗歌或台词巧妙地融进字里行间，融到本身就很特别的排版当中。巴尔扎克为文字意象提供了一个自由展示的舞台。他想做印刷界的书法大师，做自己作品的设计师。

但巴尔扎克所有的这些设想终将付之东流。一方面是由于经营不善的必然；另一方面，他们也遭受了1827—1828年政治上的重大转折和经济危机的影响。此外，书籍的价格昂贵，而发行也由同样收费昂贵且效率不高的书籍代理商垄断。尽管有贝尔尼夫人和她的儿子亚历山大的加盟，也并未能挽回局面。倒霉的商人巴尔扎克最终落得债主盈门，于1828年把铸字厂卖给了贝尔尼一家。他躲到了天文馆附近卡西尼街上一处用妹婿叙维尔的名字租住的公寓里，那一带在当时还是一片荒芜，如同“世界尽头”一般，或许正是他在《十三人故事》中描写地理环境的灵感之源。他的一位表亲查尔斯·赛迪约帮他打理债务清算事务，很长一段时间内，巴尔扎克都欠着赛迪约一家的钱。

1828 年 9 月 18 日，巴尔比耶赎回了铸字厂的资产和证书，完成了巴尔扎克未尽之事，和印刷厂合作的业务也开展得有声有色。贝尔尼夫妇在 1828 年 4 月 12 日把铸字厂的管理权完全交给了儿子，由贝尔尼夫人的儿子亚历山大 · 德贝尔尼（他放弃了名字中贵族的词缀）管理，他也同样经营有方，把工厂办成了 20 世纪最为著名的德贝尔尼与贝纽铸字厂。而巴尔扎克只能选择重新拾起写作的笔，来偿还他最为苛刻的债主——他的母亲。艰辛的工作代替了享乐，他只有笔耕不辍才能还清债务。“铅字大师”巴尔扎克最终还是被“文学大师”巴尔扎克所取代了。

1819年小结

1819年距离巴尔扎克破产与失败还很遥远，但当这一年结束时，他还没有写出什么值得一看的东西。那一年，他总是沉迷于历史和《圣经》，写的都是一些讽刺诗和打油诗，还有诸如《大肚子》《圣-路易》《饶布之书》和《魔鬼罗贝尔》这样的小故事。他的父亲对此十分失望，在给女儿的信中写道："他并不想努力成为一名书记官，这份工作对他来说辛苦又艰难，什么都不如那些戏剧和男女演员的名字能提起他的兴趣。我并非是要贬低这些人的才华，只是才华并不能当饭吃，并不能取代正经的工作，而工作才应该是第一位的：当我看到以前一位同事的儿子 17 岁就当上了一家大律师事务所的书记官，我是多么的痛心，当年他的父亲可是受过我的接济的呀……”

巴尔扎克的父亲过于盲目，他心目中的成功仅限于做一名书记官，而忽视了自己的儿子有着怎样的天赋。尽管如此，年轻的巴尔扎克从写下第一篇哲学论文廾始就没有停止过思考和创作。他在唯物与唯心之间、分析与概括之间、观察与预见之间游移不定，总是沉迷于思考关于自己要为之奋斗的事业领域和关于未来的恼人问题。他把自己的全部精力都投入到阅读哲学家的作品中去，好几次尝试写自传，但很快就停滞不前了，比如第一版《舒昂党人》中虚构的小说家，《小伙子》的作者维克多 · 莫里永就是这样横空出世的。此后即便他从事过出版，开过书店和印厂，也是因为这些和书有关的行业让他心驰神往，但他其实并不是做生意的材料。生意上的接连失败并未打倒他，反而越发激励了他，更何况他也没有其他的选择。他要靠手中的笔来生活。他深知自己的天赋，并通过小说中的主人公路易·朗贝尔，对天赋做了一番诗意的分析，此后在《表达理论》中也有所延展。他始终认为天赋与意愿之间存在着某种关联。朗贝尔的发疯“应该有另外一种叫法”。在之后一系列的作品中，巴尔扎克不断地游移在疯子与天才之间。10 年后，他最终确信了自己的才华，他在 1830 年发表在《侧影周刊》上一篇关于艺术家的文章中骄傲地肯定了这一点。在文章中他拿路易·朗贝尔无可厚非的天赋举例，证明在这个充斥着虚妄的价值、不能明辨是非的社会里，天才与疯子的区别。巴尔扎克要为自己找回正义，他对真理的探寻合情合理。他终于可以向这个社会发出挑战：“现在，让我们一决雌雄吧！”

后 记

1829 年 3 月，《最后一个舒昂党人》又名《1800 年的布列塔尼》的出版，让这位年轻人在巴黎盛行的文学沙龙里小有了名气。如阿布朗泰丝女公爵介绍的雷卡米耶夫人的沙龙，阿姆兰夫人的沙龙、巴格拉西翁公主的沙龙、梅兰伯爵夫人的沙龙、杰拉尔男爵的沙龙等，都常常邀请巴尔扎克出席。1829 年 12 月，《婚姻生理学》带来的轰动更是将他推向了文坛的前沿，但他却并没有因此而富裕起来。于是他转而从事更加挣钱的记者行业，在报纸上发表短文——尤以小说和故事为主——为日后的创作积蓄能量。从 1830 年 4 月起，第一版《私人生活场景》（《仇杀》《放荡的危险》《索城舞会》《荣耀与不幸》《贞女》《家庭的和睦》）的发表，勾勒出了未来《人间喜剧》的雏形。

1831 年 8 月，奥诺雷·德·巴尔扎克才迎来真正的成功：《驴皮记》在 4 天之内被抢购一空。于是他摇身一变成了最炙手可热的单身汉，擎着绿松石手杖的花花公子。这部充满着哲理和奇幻色彩的故事发生在 19 世纪的巴黎，里面那件神奇的法宝成了巴尔扎克此后作品的哲学核心象征。这块可伸缩的驴皮，象征着被欲望、意志和思想消磨的生命力。“欲望磨人，权力毁人，而知识则可以把我们弱小的灵魂带到一种永恒的安然中去。”

1832 年，巴尔扎克爱上了一位名字很长的侯爵夫人，克莱尔·克莱芒斯·昂里埃特·克劳迪娜·德·马耶·德·拉图尔－朗德里，卡斯特里侯爵夫人。果然，这些女人最吸引他的还是她们名字中的贵族词缀。这位夫人只比他大三岁。1816 年，她嫁给埃德蒙·德·卡斯特里，经历了一段失败的婚姻。1822 年，她爱上了年轻的维克多·德·梅特涅，阿布朗泰丝女公爵的情夫梅特涅首相之子。她爱他至深，于 1827 年为他生下了一个儿子。1832 年，顶着《驴皮记》光环的巴尔扎克进入了奥兰普·佩利西埃[①]的社交圈。卡斯特里侯爵夫人因为一次不慎摔下马受到重伤而落下了残疾，她的情人也死于肺结核。她伤心欲绝，被认为行为不检点从而被自己的交际圈所孤立。她早已离开了丈夫和卡斯特里公馆，独自一人往返于父亲和舅舅菲茨-詹姆斯的城堡之间。此时的巴尔扎克正乐此不疲地出席菲茨-詹姆斯在圣日耳曼镇举办的沙龙，而卡斯特里侯爵夫人在镇上也有一座别馆。她先装作自己

① 奥兰普·佩利西埃（Olympe Pélissier，1799—1878），曾是奥拉斯·维尔奈等画家的模特，后成为作曲家罗西尼的第二任妻子。

是一位来自英格兰的爱慕者给巴尔扎克写信，这简直让他心花怒放。之后她向这位年轻的作家表明了身份，并请他前来会面。尽管身有残疾，但昂里埃特·德·卡斯特里仍旧十分美丽，光彩动人。巴尔扎克之前被奉承得过于得意忘形，对卡斯特里夫人的邀请表现得十分冷淡。他装作自己很忙的样子回复道："若非不是被工作所累，我定会赴您之约。"他的冷漠产生了意料之中的效果，侯爵夫人竟送了花给他。巴尔扎克当时的骄傲之情可想而知！渐渐地，在殷勤与温柔的轮番轰炸下，侯爵夫人成功地俘获了他的心。而他为了讨得美人欢心，在一份以正统著称的报纸《改革家报》上发表了许多洋溢着爱慕之情的文章。同年夏天，侯爵夫人邀请他到埃克斯-雷班小住，之后两人再一起到瑞士和意大利旅行。一开始，巴尔扎克以没有经济实力去旅行拒绝，在侯爵夫人一番哀求之后，他还是去了。沾沾自喜的巴尔扎克这才发现侯爵夫人只是逢场作戏：她根本没准备把她的爱交给他。多么讽刺的巧合，他心目中第三个母亲的替身，和他自己的生母一样，是一个婚姻不幸、与别人通奸的女人，还有一个备受宠爱的私生子。巴尔扎克在日内瓦被扫地出门，失望又愤怒的他像个悲伤的孩子一样逃回了贝尔尼夫人的怀抱。他用小说来进行报复。在《朗热公爵夫人》中，他描述了这段糟糕透顶的恋情，当中的女主人公因为卖弄风情而险些被情夫用烙铁毁容。卡斯特里侯爵夫人虽然十分怨恨巴尔扎克，但没有把他赶出沙龙，毕竟这是圣日耳曼镇上最负盛名的沙龙之一。

巴尔扎克一直在工作，对于文学创作这样艰苦的事业而言——尽管总被认为写得很差，他一次又一次地证实了自己是一个完美主义者。《路易·朗贝尔》他改了一版又一版，总是写不出一版令自己满意的，这使他身心俱疲。之后很多年，直至 1842 年费尔纳出版《人间喜剧》之时，一提到要艰难地校对稿子的时候，他总是非常害怕。他的好友聚尔玛·卡罗为了使他安心，说出了一句感人至深的话："你要是疯了的话，我来照顾你！"

成功之后，他就会知道自己不是疯子，而是天才。从那时起，他的创作更加源源不断。到1832年初，他累积出版的作品已经相当可观，包括12篇哲学故事，10篇滑稽故事，一部历史小说和一部哲理小说，令读者应接不暇！他就像一只蜘蛛，用文字织成一张巨网，把自己关在网中，与那些鲜活的人物为伴。他把自己的名字与他们分享，他们就如同他的孩子，比他在现实世界中遇到的人更显真实。1833年的一天，巴尔扎克跑到妹妹洛尔的家中高喊："祝贺我吧，因为我马上就要成为天才了！"他又开始策划另一部庞大作品的主线，并借用了其他一些小说当中的人物。这种作品之间的整体性，先是在《私人生活场景中》有所体现，之后又出现在1834年《社会研究》的结构中发展，最终形成于创作《高老头》时期（1835）。他别出心裁地把欧仁·德·拉斯蒂涅的名字安在书中一位野心勃勃的年轻人身上，这个名字曾经在《驴皮记》（1831）中出现过。这些重复出现的人物交错形成了一张关于利益、激情和冒险的关系网。巴尔扎克把他那个时代的整个社会装入其中，这种“现代性”（这也是巴尔扎克发明的词）令人为之着迷。从1830年起，《人间喜剧》就已经逐渐成形了！人们像看走马灯上的画片一样，读着巴尔扎克青年时期的标志性场景。这些场景有着他那色彩斑斓的想象，幻化成了一个充满禁锢的小说世界中的人物和情节。他最常描写的就是一个年轻人要付出巨大的代价，才能在虚妄的社会中博得一席之地。Z. 马尔卡斯无法得到的政治地位，不懂妥协的“野蛮人”……即使凭借沃特兰的支持，也无法逃离自身平民身份弱势的《幻灭》里的吕西安·德·吕邦普雷，历尽艰难终于在圣日耳曼镇的文学沙龙中获得了一席之地，而《高老头》里更为强大而并不多虑的欧仁·德·拉斯蒂涅最终取得成功。如此多个巴尔扎克的分身，正如他人生中那些重要人物，穿着那个时代的戏服轮番登场。从《长寿药水》中两次被自己儿子杀死的“永恒的父亲”唐·胡安·贝尔维德罗，到高老头这样的“慈父”，再到《仇杀》中的巴尔托洛缪·迪·皮翁波或《海滨的悲剧》中的坎布尔迈一般无可救药的杀人犯父亲。然而与现实中巴尔扎克夫人坏母亲的形象截然相反，他的作品中涌现出不少可亲可敬的母亲：《征募兵》中的戴夫人，《被诅咒的孩子》中的埃胡维尔伯爵夫人，还有充满激情和母性本能却要遭受骨肉分离之痛的马拉娜。巴尔扎克在无意识中，如同在梦中，把他顽固地不想承认的缺失母爱的现实进行加工、发展和演绎。但现实也在继续：所有这些巴尔扎克的分身都会遇上一个带有禁忌的女人，一个不称职的母亲。这个女人可以是《驴皮记》中冷酷的魔鬼福多拉，也可以是因为卖弄风情而丢掉性命的朗热公爵的夫人，她故作姿态地疏远阿尔芒·德·蒙特里沃，却最终失去了他。可以是《邦斯舅舅》中讨人厌的看门人希波夫人，她把两个房客当成无知的孩子一样剥削。但也可以是昂里埃特·德·莫尔索夫，她犹如无瑕的百合，出于德行而拒绝了菲利克斯·德·旺德奈斯的爱。还有塞拉费伊达，因为是来自天上的造物而无法爱上世间的人。无论是天使抑或魔鬼，这些女人都有着过分的权力，来褫夺一个天真和渴望爱的年轻男子对她们的痴情。昂斯卡夫人也不能免俗，这位若即若离的“异国女子”，在无限期的推迟婚礼后，婚后 6 个月就死了丈夫，而她竟拒绝到亡夫的棺前吊唁，因为那臭气和坏疽令她反胃，这就是恐怕连小说家都编不出来的残忍现实。1850 年 8 月 18 日，巴尔扎克去世。与高老头临死前在痛苦与绝望之中等待着女儿那一幕相比，是如此似曾相识。

维克多·雨果在拉雪兹神父公墓为他致了悼词，特别强调了巴氏在文学上的伟大创新，即同一人物的重复出现，之后被左拉、普鲁斯特和儒勒·罗曼所效仿。时至今日，现代小说和电影当中也在不断探索着如何将之为己所用，因为这一技巧反映出人生最具说服力的幻影："他的所有作品仅仅形成了一部书，一部有生命的、光亮的、深刻的书。从中可以看出，我们的整个现代文明的走向，以及我们说不清楚的、同现实打成一片的惊惶与恐怖。"普鲁斯特写道："一个内在的整体，并非人造，否则会碎裂成无数尘埃，就像许多体系化的平庸作家，通过标题、副标题的形式强化作品的联系，假装作品在追求一种唯一且卓越的命运。这个整体并非虚构，可能更加真实，因为整体，诞生于将片段组合在一起的激动瞬间。这个整体是不自知的，所以是必不可少又毫无逻辑的，不会排斥多样性，不会减缓创作的脚步。”正因为这个整体中的多样性，巴尔扎克不仅成为19世纪最伟大的作家、思想家，而且还是影响文学和当代电影的美学大师。

年　表

1797 年

6 月 30 日，第 22 师军需官贝尔纳－弗朗索瓦·巴尔扎克与比他小 32 岁的巴黎富家小姐安娜－夏洛特·萨朗比耶成婚。

1798 年

5 月 20 日，巴尔扎克夫妇的第一个儿子路易－达尼埃尔出生，随后夭折。

1799 年

5 月 20 日，奥诺雷·巴尔扎克出生于图尔，一出生就被送到卢瓦尔河畔的圣希尔寄养。

1800 年

9 月 29 日，奥诺雷的妹妹洛尔出生。

1802年

4月18日，奥诺雷的第二个妹妹洛朗斯出生。

1803年

巴尔扎克和洛尔回到父母家中，被交由严厉的家庭教师德拉海耶小姐管教。

1804年

父亲贝尔纳－弗朗索瓦，时任图尔市长助理，在安德尔－卢瓦尔街29号买下一处别馆。巴尔扎克被送到图尔的勒盖寄宿学校，在那里就读了三年，两个女儿则被送到伏盖寄宿学校。巴尔扎克家的孩子们承受了很多痛苦，不近人情的母亲和冷漠的父亲令孩子们并没有得到过真正的疼爱。

1805年

普拉多－卡斯代拉纳伯爵费迪南·埃雷迪亚频繁到巴尔扎克夫人家做客，并开始向她求爱。

1807年

巴尔扎克作为寄宿生进入旺多姆奥拉多利教会学校学习。同年，母亲与萨榭城堡主让·德·马戈纳的私生子亨利出生。

1813 年

8 月，巴尔扎克因陷入半昏迷状态，被紧急送回图尔，从此离开奥拉多利教会学校。

1814 年

法兰西第一帝国覆灭，巴尔扎克一家移居巴黎。

1815 年

巴尔扎克进入勒彼特寄宿学校学习。

1816 年

巴尔扎克报考了法学院和索邦大学，同时在吉约内－梅维尔的律师事务所里做实习公证员。《人间喜剧》中人物德尔维勒的名字就来源于此。

1818 年

研究笛卡尔和马勒伯朗士的哲学著作。

1819 年

巴尔扎克举家搬到维勒帕里西。巴尔扎克在 20 岁时拿到了法学学士学位，但与父母的意愿相悖，他不愿做一名公证人。于是他的父母在莱斯蒂基耶尔街给他租了一个小阁楼，给了他两年时间来证明他的文学梦想。
同年，他翻译了斯宾诺莎《伦理学》的开头部分。
未发表作品：《灵魂之不灭》（哲学论文）、《克伦威尔》（历史题材悲剧）。

1820年

妹妹洛尔嫁给欧仁·叙维尔。巴尔扎克结识了洛尔·德·贝尔尼。

洛朗斯与阿尔芒－德西雷·德·孟采格尔举行婚礼，婚礼通知单上，巴尔扎克的姓氏前被加上了贵族词缀。

未发表作品：《法杜尔纳》《萨沃纳第神父手稿：小学教员马特里坎特先生翻译自意大利语原文》（推理小说初稿）。

《斯蒂妮》又名《哲学的谬误》（书信体小说）。

《生命中的一小时》（自传体小说初稿）。

1821年

《科尔西诺》（小说初稿，未发表）。

1822年

巴尔扎克成为贝尔尼夫人的情人。贝尔尼夫人比他的母亲大一岁，并且生过九个孩子，却带给了他童年不曾享受过的爱与温柔。她是他永远最信任的人，他的守护者，他精神上和物质上的支持者。他们的恋情持续了十年。

《生命中的一小时》写作中断（未发表）。

青年时期以笔名发表的小说：

以A. 德·维莱莱尔格雷与胡讷大人的笔名发表《比拉格的继承人》《让－路易》（又名《捡来的女孩》）；

以胡讷大人的笔名发表《克洛蒂德·德·卢希南》（又名《漂亮的犹太人》）；

以奥拉斯·德·圣奥班的笔名发表《阿尔登的副本堂神父》《百岁老人》（又名《贝兰格尔德家的两个人》）。

1823 年

以奥拉斯·德·圣奥班的笔名发表《最后的仙子》（又名《神灯新传》）。
《祷告论》（未发表）。

1824 年

《长子继承权》。
《耶稣会正史》。
以奥拉斯·德·圣奥班的笔名发表《阿奈特与罪犯》。

1825 年

洛朗斯去世。
《正直者准则》（又名《不上当的秘诀》）。
匿名为《莫里哀的一生》作序，收录在袖珍版的《作品大全》中。
匿名为《拉封丹的一生》作序，收录在袖珍版的《作品大全》中。
《瓦纳-柯罗尔》（未署名）。
在凡尔赛结识了阿布朗泰丝女公爵。

1826—1828 年

做图书商、开印厂、开铸字厂，经营不善导致巴尔扎克最终破产。被债主追债，只能靠写作偿还债务。

1826 年

《婚姻生理学》（初版）付梓印刷。

1828 年

创作《关于〈小伙子〉一书的通告》（直至当代才得以发表）。

1829 年

第一部以巴尔扎克署名的《最后一个舒昂党人》（又名《1800 年的布列塔尼》）出版。

6 月 19 日，贝尔纳–弗朗索瓦·巴尔扎克逝世，享年 83 岁。

《单身青年所著婚姻生理学》为巴尔扎克带来了名气，也使他加入了雷卡米耶夫人和德尔菲娜·德·吉拉尔丹等人的文学沙龙。在这些沙龙上，他结识了维克多·雨果、阿尔弗雷德·德·维尼、大仲马和画家德拉克洛瓦。

1830 年

第一部分《私人生活场景（Ⅰ）》发表，开始与《猎鹰报》《摩登报》《侧影周刊》《政治报刊文丛》这些报刊合作。

与洛尔·德·贝尔尼到卢瓦尔河谷旅行，避开了巴黎革命动荡的几日。

1831 年

8 月，发表《驴皮记》。

他与阿布朗泰丝女公爵有染，并与吉多伯尼–威斯孔蒂伯爵夫人来往密切，摇身一变成为花花公子。
发表《哲学小说与故事》。

1832 年

加入卡洛斯党成为正统主义者，维护波旁王朝和教会的正统性。
收到第一封“异域女子”的来信，来自波兰贵族艾娃·昂斯卡。她的丈夫也是波兰人，十分富有，在乌克兰拥有许多领地。她为巴尔扎克的作品所倾倒。
《夏倍上校》。
十日谈式的短篇故事集《都兰趣话（Ⅰ）》。

1833 年

《都兰趣话（Ⅱ）》。
《路易·朗贝尔》。
《乡村医生》。
《欧也妮·葛朗台：外省生活场景》。

1834 年

1 月 26 日，和昂斯卡夫人在日内瓦确定关系，被他称为“难忘的一天”。
《舒昂党人》（又名《1799 年的布列塔尼》）。
《十三人故事》。
《炼丹记》。
《高老头》（开始在《巴黎评论》上连载）。
《巴黎生活场景》。

1835 年

《路易·朗贝尔》（再版）。

《高老头》。

《婚姻契约》。

《塞拉费伊达》。

12 月，重新为《巴黎专栏》杂志工作。

6 个月后，杂志停刊，巴尔扎克因此损失惨重。

1836 年

巴尔扎克因为没有到国民卫队去站岗而蹲了几天监狱。

夏天，他和女扮男装的卡洛琳娜·马尔伯第到意大利度假。回到巴黎后，他得知了洛尔·德·贝尔尼的死讯，两人已有 8 个月未曾相见。为了躲避债主追债，他躲到了吉多伯尼－威斯孔蒂伯爵夫人家中。

在《幽谷百合》这部自传体小说中，巴尔扎克化身为菲利克斯·德·旺德奈斯，而从莫尔索夫夫人身上也能看到很多洛尔·德·贝尔尼的影子。

1837 年

《幻灭（Ⅰ）》。

买下了塞夫勒省的加尔蒂别墅。

《塞查·皮罗托盛衰记》。

《老处女》。
《都兰趣话》（第二部）。

1838 年

开始写作《交际花的奢华与穷困》。
2 月，住进乔治 · 桑在诺昂的家中。
加入文人协会。为了改善经济状况，他到撒丁岛的古罗马时期的银矿中去翻查矿渣。

1839 年

被推选为文人协会主席（从 1840 年 1 月起被雨果取代）。
为被控谋杀的公证人培泰尔辩护，最终未能避免其被定罪。
选入法兰西学院，后来让位于维克多 · 雨果。
《古物陈列室》。
《幻灭（Ⅱ）》。

1840 年

他的剧本《沃特兰》因被认定冒犯了路易－菲利普国王而被禁演。
巴尔扎克新创办了一部《巴黎杂志》，亲自负责出版工作，结果又一次遭遇失败。他在这本杂志上发表了著名的颂歌《帕尔马的修女》。

他原本想在塞夫勒的加尔蒂别墅种菠萝，最后却不得不卖掉它，搬到了帕西村的雷努瓦街。

1841 年

《村里的神棍》。

与出版商签订协议，出版他所有的小说作品，定名为《人间喜剧》，部分人物在这些作品中重复出现。

《假情妇》开始连载。

1842 年

巴尔扎克的戏剧《吉诺拉的财富》在奥德翁剧院上演，遭遇失败。

《人间喜剧》开始出版发行。

《浑水摸鱼》。

《于絮尔 · 弥罗埃》。

巴尔扎克得知昂斯卡先生的死讯。

1843 年

与昂斯卡夫人重逢，并于 7—10 月居住在圣彼得堡。他希望能迎娶昂斯卡夫人，但对方似乎没有他那样心急，而是先要完成继承亡夫遗产的手续。

《帕梅拉 · 吉罗》在奥德翁剧院上演，遭遇失败。

《一桩无头公案》。

《外省的诗神》。

《幻灭》（终章）。

1844 年

创建《人间喜剧》作品集书目。

《交际花的奢华与穷困》。

《奥诺蕾娜》。

《莫黛斯特·美浓》。

1845 年

与昂斯卡夫人一起旅行。

再次争取进入法兰西学院失败。

1846 年

与怀有身孕的昂斯卡夫人居住在罗马。而昂斯卡夫人的流产令巴尔扎克极度失望。他贷款在好运街（现巴尔扎克街）买下了一座房子，装修的费用令他几近破产。

《同居生活的忧伤》。

1847 年

《贝姨》。

《邦斯舅舅》。

《交际花的奢华与穷困》（终章）。

1848 年

最后一次尝试进入法兰西学院，再次失败。

9 月，再次出发前往乌克兰，抵达后病倒。

《当代史的背面（Ⅱ）》开始连载。

戏剧《晚娘》获得成功。

1849 年

这一整年，巴尔扎克都在乌克兰昂斯卡夫人家中度过。

两次争取进入法兰西学院，均以失败告终。

犯了几次心脏病。

1850 年

3 月 14 日，与艾娃 · 昂斯卡在乌克兰结婚。

5 月 20 日，回到巴黎。

8 月 18 日，因心力交瘁在巴黎病逝。维克多 · 雨果在拉雪兹神父公墓为他致悼词。

1854 年

8 月 1 日，巴尔扎克的母亲去世。

1855 年

艾娃 · 昂斯卡出版了巴尔扎克的作品《农民》，这是他写于 1844 年的一部未完成之作。

1856 年

查尔斯 · 拉布出版了《阿尔西的议员》，这是他写于 1847 年的未完成之作。

1858 年

巴尔扎克的同母弟亨利·德·巴尔扎克去世。

几个月后，亨利的生父马尔戈纳先生去世。

1876 年

《作品大全》（24 卷）出版。

1882 年

4 月 10 日，艾娃·德·巴尔扎克去世。

部分参考书目

奥诺雷·德·巴尔扎克作品

La Comédie humaine, édition publiée sous la direction de Pierre-Georges Castex, Gallimard, coll. « Bibliothèque de la Pléiade », 1976-1981, 12 volumes.

Romans de jeunesse, fac-similé de l'édition originale, Les Bibliophiles de l'originale, 1963, 15 volumes.

Romans de jeunesse, édition publiée sous la direction d'André Lorant, Robert Laffont, coll. « Bouquins », 1999, 2 volumes.

Œuvres diverses, tomes I et II, coll. « Bibliothèque de La Pléiade », 1990 et 1996, édition publiée sous la direction de Pierre-Georges Castex, par Roland Chollet et René Guise.

Œuvres diverses, *in Œuvres complètes de Balzac*, Club de l'Honnête Homme, 1955-1963, tomes 26, 27, 28.

Correspondance, édition de Roger Pierrot, classiques Garnier,

1960-1969, 5 volumes.

Correspondance, édition de Roger Pierrot et d'Hervé Yon, Gallimard, « Bibliothèque de la Pléiade », tome I (1809-1835), 2006, tome II(1836-1841), 2011.

Lettres à Madame Hanska, édition de RogerPierrot, Robert Laffont, coll. « Bouquins », 1990, 2 volumes.

关于奥诺雷·德·巴尔扎克传记

Patrick Berthier, *Balzac et l'imprimerie*, Imprimerie nationale, 1999.

André Billy, *Vie de Balzac*, Flammarion, 1944, 2 tomes.

Judith Meyer-Petit, *Balzac imprimeur et défenseur du livre*, Paris Musées/Des Cendres, 1995, pp. 75-76.

Thierry Bodin, « Balzac et la musique », in *L'Artiste selon Balzac*, Paris Musées, 1999.

Jean-Louis Dega, *La Vie prodigieuse de Bernard-François Balssa*, Éditions Subervie, 1998.

José-Luis Diaz et Claire Barel-Moisan (dir.), *Balzac avant Balzac*, Christian Pirot, 2006.

Théophile Gautier, *Honoré de Balzac*, édition revue et augmentée, avec un portrait gravé à l'eau-forte par E. Hédouin, Poulet-Malassis et de Broise, 1859.

Delphine de Girardin, *La Canne de M. de Balzac*, édition du

Bateau Ivre, 1946.

Léon Gozlan, *Balzac en pantoufles*, Maisonneuve et Larose, coll. «Paroles d'ami», 24 janvier 2001.

Gabriel Hanotaux et Georges Vicaire, *La Jeunesse de Balzac, Balzac imprimeur 1825-1828*, A. Ferroud, 1903.

André Maurois, *Prométhée ou la vie de Balzac*, Flammarion, 1974.

Paul Métadier, *Balzac. Saché son refuge*, Christian Pirot, 2007.

Paul Métadier, *Balzac en Touraine*, introduction de Pierre-Georges Castex, photographies de Robert Thuillier, Hachette, 1968.

Roger Pierrot, *Honoré de Balzac*, Fayard, 1994.

Roger Pierrot, « Chronologie de Balzac », *in La Comédie humaine*, Gallimard, coll. « Bibliothèque de la Pléiade », t. I, 1976, LXXVI-CXVII. [Prend la suite du «Calendrier de la Vie de Balzac», publié (initialement en collaboration avec Jean-A. Ducourneau) dans les *Études balzaciennes* de 1951 à 1960 (pour les années antérieures à 1825)].

Nathalie Preiss, *Honoré de Balzac*, PUF, coll. « Figures et plumes », 2009.

Laure Surville, *Balzac, sa vie et ses œuvres d'après sa correspondance*, Jaccottet, Bourdilliat & Cie, 1858, L'Harmattan, 2005.

作品评论

Max Andréoli, *Le Système balzacien. Essai de description synchronique*, éditions Peter Lang, 1983, 2 volumes.

L'Année balzacienne, 1960 à 2010, Garnier, puis PUF.

Louis-Jean Arrigon, *Les Débuts littéraires d'Honoré de Balzac*, Perrin, 1924.

Anne-Marie Baron, *Balzac cinéaste*, Méridiens-Klincksieck, 1990.

Anne-Marie Baron, *Le Fils prodige. L'inconscient de La Comédie humaine*, Nathan, coll. « Le texte à l'œuvre», 1993.

Anne-Marie Baron, *Balzac ou l'auguste mensonge*, Nathan, coll. «Le texte à l'œuvre», 1998.

Anne-Marie Baron, *Balzac ou les hiéroglyphes de l'imaginaire*, Honoré Champion, coll. « Romantisme et modernités », 2002.

Anne-Marie Baron, *Balzac et la Bible*, Honoré Champion, coll. « Romantisme et modernités », 2007.

Philippe Bertault, *Balzac, l'homme et l'œuvre*, Boivin et Cie, 1947.

Philippe Bertault, *Balzac et la religion*, Slatkine reprints, Genève/Paris, 1980.

Lucette Besson, « Balzac homme du midi », *Le Courrier balzacien*, n^elle^ série, n° 15, 2e trimestre 2011.

Roland Chollet, *Balzac journaliste. Le tournant de 1830*, Klincksieck, 1982.

Pierre Citron, *Dans Balzac*, Seuil, 1986.

Ernest Robert Curtius, *Balzac*, Bonn-Cohen, 1923.

François-Jean Daillant de la Touche, *Abrégé des ouvrages d'Em. Swedenborg, contenant la doctrine de la Nouvelle Jérusalem-céleste, précédé d'un discours où l'on examine la vie de l'auteur, le genre de ses écrits, et leur rapport au temps présent*, Stockholm, et Strasbourg, chez J.G. Treuttel, 1788.

Marie-Bénédicte Diethelm, « Du nouveau sur le jeune Balzac », *L'Année balzacienne*, 2010, Garnier.

Pierre Laubriet, *L'Intelligence de l'art chez Balzac. D'une esthétique balzacienne*, Didier, 1961.

Michel Lichtlé, « Balzac et la notion de gouvernement moderne. Essai sur la formation de la pensée politique de Balzac jusqu'en 1832 », *L'Année balzacienne*, 2007/1 (n° 8).

Arlette Michel, *Le Mariage chez Honoré de Balzac. Amour et féminisme*, « Les Belles Lettres », 1978.

Otto Rank, *Le Mythe de la naissance du héros*, Payot, coll. « Science de l'homme », 2000.

Baruch Spinoza, *Éthique*, Gallimard, coll. «Folio essais», 1993.

Laurence Sterne, *Vie et opinions de Tristram Shandy*, Flammarion, GF, 1982.

Emmanuel Swedenborg, *Charmes de l'amour conjugal*, Slatkine reprints, éd. Fleuron, 1995.

Stéphane Vachon, *Les Travaux et les jours d'Honoré de Balzac*, Presses de l'université de Vincennes, Presses du CNRS, Presses de l'université de Montréal, 1999.

Edmond Werdet, *Portrait intime de Balzac*, Dentu, 1859.

“他们的 20 岁”书系

由本社编者特邀上海万墨轩图书有限公司

闫青华联合策划